外交生涯見聞錄

徐勉生 著

▌ 自序

　　我在外交部工作 35 年，有很多一半一半的情形。我在工作上用的外語，一半是英語，一半是法語。工作期間，一半在國內，一半在國外。承辦的業務，一半是歐洲，一半是非洲。外派地點，一半在邦交國，一半在無邦交國；一半在先進國家，一半在落後地區。

　　派駐海地期間遭逢大地震，身陷瓦礫堆中六小時，在夜幕低垂，救援人手有限，又缺乏專業技術與工具的情形下，我是生是死的機率，也是一半一半。

　　回首職業生涯，有苦也有樂，也是一半一半。本書收集過去與近年撰寫的見聞與親身經驗，敬供讀者一窺外交生活的點點滴滴。其中包括我對外交及國際事務的觀點，或許可供有志從事外交工作的年輕朋友，作為工作上的參考與借鏡。

目　次
CONTENTS

臧否時事──外交、國際及兩岸事務

作者赴海地山區偏鄉小學參訪（相片由駐海地大使館鄭弘基祕書提供）。

外交生涯見聞錄

▌前言

　　我於 1980 年進部服務，2015 年自願退休。在 35 年的工作生涯中，曾經有過若干印象深刻的特殊經歷值得介紹。另外也做過幾件難以忘懷的蠢事（其他的小蠢事已經忘記了），也從中學到教訓。很想野人獻曝，與年輕同仁分享，作為工作時的參考。

▍派駐海地期間

安德生的機緣

我駐在海地的時候，結識了小男孩安德生。他是個孤兒，靠著姊姊生活。因為家境清寒，小學念了兩年就失學了。

有一天我去市區公園散步，看到他在公園裡遊蕩，問他為什麼不上學，他告訴我很想上學，但是沒有錢繳學費。我從口袋裡拿出一包餅乾給他，他向我道謝後，並沒有把餅乾打開來吃。我問他怎麼不吃？他說要帶回去跟他的朋友分享，他小小年紀竟有如此無私的心態令我感到驚奇。

過了幾天，我又在公園看到他。問他還想上學嗎？他一直點頭。於是我請當地朋友把他姊姊找來，表示我覺得他是一個誠實善良的孩子，願意幫他付學費。他們喜出望外連連道謝。於是安德生就回到學校上學了。

同事問我為什麼這麼做？海地有許多失學學童，為什麼

選擇安德生？我表示個人隻手難以撐天，我無法幫助全體需要協助的人，只能隨機回應，或許這就是機緣吧！

我是 2008 年 4 月 3 日抵達海地。第一次來到這個西半球最貧窮的國家，印象深刻，所以 4 月 3 日對我而言，具有特別的意義。

我要離開海地前，想送安德生一份生日禮物，就問他的生日是哪一天，他不假思索地說：4 月 3 日！我聽了差點昏倒，一年有 365 天，他生日竟然正好是 4 月 3 日，難道這一切真的都是上天注定的緣分嗎？

上山援建小學

2022 年 1 月 12 日，海地大地震 12 週年，令我想起另一件與地震有關的往事。

2009 年的某一天，有位海地國會議員來大使館找我。這位議員表示，他的選區包括山地偏鄉，因為對外交通困難，物資極為缺乏。當地有一所小學，教室是用樹枝與鐵皮及塑膠布搭建的，只能勉強遮風擋雨。希望我們大使館能夠伸出援手，幫他們改建成用空心磚建造的教室。

他告訴我，山上這所小學，共有大約三百名學生。分別住在山區各個村落。距離最遠的學生，每天早上要步行兩個小時才能來到學校。但是家長們深深了解上學的重要性，所以絕大部分的學生從來不缺課。我聽了非常驚訝。據非正式統計，海地失學的學齡兒童大約有五十萬人，絕大多數都是因為家貧，繳不起學費。這山區的家長願意克服萬難，讓孩童上學，真的是令人欽佩。我也因此暗自決定盡力協助他們。

我問這位議員改建教室大概需要多少錢？需要多少時間？他說如果有五萬美元，可以在六個月內改建六間教室。五萬美元包括購買建材、運送材料、僱人施工等各項支出。我把這件事向外交部報告，很快就獲得外交部核准。工程款撥下來了，改建工程不久就正式開始。

這位議員每個月都會告訴我施工進度。天氣穩定時，進度很快。但是山區多雨，每逢雨天，工程就必須暫停。如此建建停停，時間也一天一天過去，六個月轉眼就到了。

有一天這位議員很興奮地告訴我，改建工程終於完成了。他們準備辦一個完工啟用典禮，邀請我親自上山主持，

同時會見全體學生及部分家長。我欣然接受。但是他提醒我，上山路途遙遠，需要跋山涉水，要我先有心理準備。我既然答應前往，怎能知難而退？所以就踏上了崎嶇之路。

那一天，我們先乘汽車從大使館出發，前往首都西部大城 Leogane。車程大約一小時，然後開始朝山區前進。汽車在山區小路上蜿蜒而上，由於路況極差，車行速度很慢。如此彎彎曲曲而行，大約又經過一個小時，才來到一條河邊。這時候議員告訴我，汽車只能走到這裡，剩下的路程要改為騎馬或步行。

我騎上了一匹馬，由一位馬伕牽馬前行。我們沿著河邊而行，走了一大段路之後，馬伕告訴我要渡河，要我坐穩了。這位馬伕非常了解河水水文，知道哪裡深淺。於是牽著馬左彎右拐，涉水而過。河水雖然湍急，但是馬伕總能沿著淺水處而行，所以我騎在馬上可說是有驚無險。就這樣彎來彎去，好不容易來到河對岸。

上岸之後，才開始真正的爬山。地勢越來越高，我回頭一看，剛才渡過的河流已經在遠遠的腳下。進入山區後，忽然下起小雨。我們有備而來，都戴著帽子，披上雨衣，繼

續前進。騎馬上山又走了一個小時，終於來到山上一大片平地，這就是小學所在地。

這學校既沒有圍牆，也沒有招牌。更沒有任何花草樹木，只是在這片空地上，孤零零地聳立著一排空心磚瓦房。遠遠地我就看到在教室旁有大批人潮。走近之後，才知道他們是學生及家長。為了今天的完工典禮，特地穿上最漂亮的衣服，從各地趕來參加盛會。

在完工典禮中，這位議員向大家說明改建教室的經過，特別感謝我們大使館的資助，博得在場學生及家長熱烈的掌聲與歡呼。我除了鼓勵學生要用功學習，稱讚家長的支持，也在學生的歡呼聲中，把帶來的筆記本與鉛筆分送給他們。然後就在現場洋溢著歡樂的氣氛中踏上歸途。

世事難料。天下事有歡樂，也有哀傷；有幸運，也有不幸。這間小學的學生在享用了半年舒適的教室後，遭逢海地大地震。震央剛好就在這山區附近。雖然學生及家長都沒有受傷，但是住家多半被地震損毀，更不幸的是我們改建的教室禁不起強震的摧殘，全部坍塌。眾人耗費心力努力的成果一夕成空，真是令人惋惜不已。

　　由於我也在地震中受傷，並且奉命調回國內，重建教室之事也就無以為繼。每每想起這段往事，總是不勝唏噓。

① ② 作者騎馬渡河前往山區。
③ 作者抵達山區小學。
④ 小學教室完工典禮。

▌派駐安哥拉期間

資源豐富但內戰頻仍之國

　　安哥拉位於非洲西南部，西濱大西洋，北及東北鄰剛果民主共和國，南鄰納米比亞，東南是尚比亞。面積 124 萬六千七百平方公里，居世界第 22 位。安哥拉過去是葡萄牙殖民地，因此官方語言為葡萄牙語。

安哥拉街景。

1975 年 11 月 11 日，安哥拉宣告獨立，成立安哥拉人民共和國，結束了葡萄牙人五百年來的殖民統治。

安哥拉獨立後，由蘇聯支持的安哥拉人民解放運動（MPLA），和由美國、南非政府支持的安哥拉獨立全國聯盟（UNITA）發生衝突，演變成全國性內戰。2002 年 4 月 4 日，雙方簽訂停戰協定，加上 UNITA 的領導人薩文比也在 2002 年 2 月戰死，持續了 27 年的內戰正式告一段落。

安哥拉天然資源極為豐富，包括石油、鑽石、黃金、黃銅等等。但是因為長期內戰，國家發展受到牽制。內戰期間雙方所布地雷估計達到一千兩百萬顆，造成軍民重大傷亡。英國黛安娜王妃及哈利王子，均曾前往安哥拉扶助傷患。

關於郵票的「小事」

1999 年，我奉派擔任駐安哥拉代表。到了安哥拉首都魯安達後，除了立即打電話回家報平安以外，也動手寫信向家人報告安頓情形，以及對這裡的初步印象。信寫好了，我拿到郵

安哥拉郵票。

局去寄，由於不通當地語言，就請代表處雇員陪我一起去。

到了郵局，發現櫃台前一個人也沒有，郵務員在發呆。雇員把信交給郵務員秤了一下，郵務員說了幾個數字，雇員在一旁告訴我郵資是多少錢。我把錢交給郵務員後，她並沒有給我郵票，而是揮揮手，示意我可以走了。雇員說，信和錢交給她就好了，她會幫我貼上郵票的。我心裡想，這郵務員挺好心的，繼而一想，她反正沒事，閒著也是閒著，於是說聲謝謝就離開了。

回到辦公室，同事問我有沒有看著郵務員貼上郵票，然後把信放進一個籃子裡。我說我只是把信和錢交給她，她揮手叫我離開，我就走了。同事問我憑什麼確信她會貼上郵票把信寄出，而不是把錢放進自己口袋裡，把信丟在一旁。我一聽，傻住了。根本沒有想到這一層。我說郵資並沒有多少錢，她應該不至於貪這一點小錢吧。

但是我嘴上這麼說，心裡並沒有把握。老人家常說，出門在外，一切要小心，這年頭人心難測啊。我心裡有一點不安。我並不是為了錢，而是不希望自己的信被人亂丟。我寧願多給她一些錢，確保信能夠寄出。但是信已經交給她了，

只好聽天由命了。

　　第二天，我想到了一個好辦法。我請雇員去郵局，問清楚二十公克以下的航空信，寄到台灣要多少錢。然後請雇員幫我買十封信所需的郵票。以後我把信寫好，自己先貼上郵票，再拿去郵局投寄。郵務員拿不到錢，總不至於把郵票撕下來吧。這方法雖不是萬無一失，但風險總是小些。

　　雇員從郵局回來後，告訴我每封航空信郵資是一百五十萬匡撒（安哥拉的流通貨幣），同時交給我十張郵票。這些郵票印刷精美，圖案也很有特色。但是我仔細一看，發現郵票上並沒有面額，好像我們當年的防癆郵票一樣。我問雇員為什麼郵票上沒有印出面額，是不是買到紀念郵票。他說不是紀念郵票，但是他也不知道為什麼沒有面額。

　　我問他怎麼證明這是有效的郵票，又怎樣知道每張郵票代表一百五十萬匡撒的郵資呢。他被我問得目瞪口呆，於是跑到郵局去問明白。二十分鐘後，他信心滿滿地回來，向我解釋說，根據國際郵政聯盟的規定，在有戰亂，或是財經狀況極不穩定的國家，可以發行不具面額的郵票，以便政府隨時調整郵資，而不會因為郵票有固定面額造成困擾。我聽了

恍然大悟，覺得十分合理。心想，真是活到老學到老，今天可是又學到一課。

接下來的幾天，我把信寫好，貼上郵票，就請雇員拿去郵局投寄。連續寄了幾封信，都沒有問題。

有一天，我和雇員一起出去辦事，順便帶了一封信去寄。到了郵局，我把貼好郵票的信交給郵務員，她看了一下郵票，搖搖頭，表示不對。我不知道怎麼回事，心想，難道是郵資不足。但是前面幾封信也是同樣重量，雇員拿去寄並沒有問題啊，於是請雇員問她有什麼不對。

她說這郵票適用於國內郵件，而我的信是國際信件，要用另一種郵票。我聽了半信半疑，難道不具面額的郵票還分國內和國際嗎，而她又是怎麼分辨的？我再仔細一看郵票票面，赫，可不是好端端地印著一個「nacional」（葡萄牙語的 national）字樣嗎。我無話可說，佩服得五體投地。只怪自己知識淺薄又粗心大意。

當下掏出錢來，準備另買國際郵票。那郵務員又揮揮手說算了，下次改貼國際郵票就好了。我向她道歉又致謝。忽然想到，為什麼前幾天雇員拿信來寄，貼的同樣郵票，她

左：安哥拉郵局。
右：作者派駐安哥拉時期流通的貨幣。

卻沒有指出錯誤呢。我請雇員再問她，她說她看雇員是當地人，以為他寄的是本國郵件。我是真的服了。

　　兩個星期之後，我先後寄出的信，都完好地送到了收信人手中。我不禁鬆了一口氣，心想，這真是亂中有序啊。

超市

　　魯安達有兩、三個大型超市，以及若干中小型超市，是我們為了解決民生問題必須去報到的地方。民生問題事關重大，因此我到了魯安達，第二天就立刻去參訪外國人常去的

主要超市。

司機先生帶我去市中心一家中型超市。我看裡面昏昏暗暗的，東西看起來也不新鮮，所以轉了一圈就出來了。在一進一出之間，我注意到這家超市有個特點，就是警衛相當森嚴，入口和出口都各有兩、三個警衛把守檢查。而且在收銀台旁邊，看不到一個顧客亂丟收銀機打出的帳單。

到了第二家超市，規模更小，我開始發愁，不知道以後該去哪裡採購。但我也發現這家小超市，警衛同樣森嚴。在收銀台旁邊，也看不到有人亂丟收銀機帳單。

司機看我對兩家超市都不滿意，於是帶我去看一家比較遠，但是規模最大的超市。車子在市區走了半天，感覺上快要出城時，才到了目的地。

遠遠地我就已經對這家超市產生好感，因為它占地相當大，外觀也算整潔，室外還有專用停車場，完全是現代化的模樣。在進口處，也是有些警衛檢查顧客隨身的提袋。入內一看，一排收銀台總共將近三十個，在這裡發現這種規模的超市，真的是出人意料。

賣場中，貨架上排著大量的貨品。但是仔細一看，數量

雖然可觀，種類卻很有限。我簡單買了幾樣東西，拿到收銀台算帳。同樣地，在收銀台旁邊，也看不到有人亂丟收銀機帳單。我不禁肅然起敬，心裡想，這裡的人還真有規矩，沒有一個人亂丟紙屑呢。既然大家都守規矩，我當然也不敢亂丟。

當我提著東西往外走時，在出口處被警衛攔住了，要檢查我買的東西。我拿給他看，他一面看，一面比手勢，嘴裡還說了幾個字，我不明白他的意思。這時候司機在一旁示意我把收銀機帳單拿給他看，原來他是要根據帳單，逐一核對物品，看看有沒有順手牽羊。

我忽然間明白了，為什麼每個超市出口都有警衛，而且沒有人亂丟帳單。因為丟了帳單，就變成順手牽羊，沒有辦法走出超市了。

汽車保險

我們的公務車保險到期了，我發覺保費相當高。雖然在這裡汽車遭竊機率相當大，但是保費也不應該這麼高。我建議換一家保險公司，看看能不能爭取比較合理的保費。同事跟我說，對不起，這裡只有這麼一家保險公司，是國營公司，

而且政府規定汽車必須保險，別無選擇。所以呢，只好請我委屈一下了。我聽了，啞口無言，乖乖地繳費續保。

同事又跟我說，只有一家保險公司，有一個好處。那就是如果發生事故，雙方都是向同一家公司投保，申請理賠的對象非常單純，節省很多時間。但是也有一個壞處，那就是只要發生事故，無論誰對誰錯，這家保險公司總是理賠的一方，因此往往顯得非常不情願。

有一天，同事告訴我，他的鄰居開車不慎碰到電線桿，把車燈撞破，保險桿裂開，車頭也扁了一塊。他買的是新車，保了全險，所以就去保險公司填寫申報書，要求保險公司付款修理。

隔了兩天，保險公司答覆他，請他自費修理，保險公司不賠。理由是，他才繳了保費沒多久，保險公司還沒有賺到錢，所以不負擔大額修理費。由於保險公司只此一家，又是國營公司，所以一向是他們說了算。

那位鄰居知道爭辯無濟於事，只好自認倒楣，自己花錢修車。我聽了，當下告訴司機，以後開車要特別小心。要發生事故，至少也要等到繳了一年保費之後。

舞會

　　我住所的斜對面，有一家獨門獨院的餐廳。這餐廳毫無裝潢，屋子的牆，下半截是鐵皮，上半截是欄杆，所以屋外可以看到屋內，屋內的氣味也可以飄到屋外。屋頂有鐵架，上面由塑膠波浪板覆蓋，下面有幾個吊扇。

　　我問同事，像這樣的餐廳，誰會來吃飯呢。同事說，這餐廳主要是租給人家辦舞會，順便賣點飲料，平時很少人來吃飯的。

　　隔了幾天，是一個星期五的晚上，我發現餐廳門口鬧哄哄的，看樣子，是有人來辦舞會了。

　　晚上九點，忽然間音樂大作，舞會開始了。這餐廳雖然簡陋，音響設備倒是不錯，他們把音量放到最大。我躲在臥室裡，門窗緊閉，仍然聽得清清楚楚。尤其是鼓聲，仍然震人心弦。

　　等我上床睡覺時，對面正跳得興高采烈，一支又一支。由於全是快節奏的音樂，音量又極大，我躺在床上翻來覆去，好像跟著他們在跳舞。不知道過了多久，我終於睡著

了。但是不久又醒來。我一看錶，兩點鐘。對面還是方興未艾。我繼續睡，但是再也無法入睡。就這樣躺在床上，伴隨著音樂，似睡似醒，一直熬到天亮。到了六點鐘，音樂忽然停止，舞會終於結束了。

第二天，我向同事說起對面舞會的情形。同事告訴我，這是此地的習俗，每個舞會都是到天亮，都是播放震耳欲聾的快節奏。

我問同事和雇員，為什麼都要跳到天亮才停止，沒有一個人知道原因。

有一天，我跟一位當地人談到舞會，我問他有沒有可能請他們把音量減小，或者請他們早一點結束。他說此地的年輕人沒有其他的娛樂，精力無法消耗，只有盡情跳舞。

為什麼一定要到天亮呢？因為這幾年治安惡化，入夜後搶匪很多，如果他們舞會在半夜結束，各自回家，一定會有人遇到搶匪。與其半夜被搶，不如跳到天亮，比較安全。

我承認失敗，千猜萬想，卻萬萬沒有想到這個道理。經歷了這些事，我終於變聰明了，因為我想通了另一件事，為什麼安哥拉男子籃球連續好幾年都是非洲冠軍，大概是因

為他們年輕人跳舞，一跳就是九個小時，能夠連跳九小時不累，那麼在球場上跑上一個小時，根本就是微不足道牛刀小試嘛！

手工藝品

我對木雕很有興趣，這幾年在非洲跑了幾個地方，每到一地，如果有時間，總會去當地手工藝品市場轉轉，看看有沒有值得買的木雕。來到魯安達後，同事告訴我郊外有個象牙市場，有各種手工藝品。

有一個星期六下午，我請司機陪我一起去看看。到了那裡，發現這市場還不小呢，除了賣油畫、沙畫以外，還有兩、三排攤販，擺著各種木雕、石雕、銅雕以及象牙雕刻。

左：安哥拉山羊木雕。　中：安哥拉河馬木雕。　右：安哥拉天鵝木雕。

　　我邊走邊看，發現這些木雕大同小異，大部分的成品雕工並不精細。經過仔細挑選，總算找到一、兩個較有創意，雕工也算出色的。討價還價之後，順利成交。賣主撕一片舊的牛皮紙，把木雕簡單包一下交給我，請我下次再來。但是我認為這市場太遠，而且東西並不精彩，並不是很有興趣。

　　過了幾天，我問雇員市區裡有沒有手工藝品市場或者藝品店。他說市區裡沒有手工藝品市場，只有一家葡萄牙人開的藝品店。我又找了個星期六，跑去那家店看看。

　　一進店裡我就感覺不一樣，店裡的東西精緻多了。我東看西看，發現有不少可以買的木雕，但是一看標價，乖乖，比象牙市場的價位要高出一倍。但是我想一想，他們花了工夫，去四處蒐集了這些不錯的成品，替我節省了許多時間，多收一點錢也是應該的。所以挑了幾件木雕後，就拿去櫃台付錢。

　　店員把品名及價錢一一寫在發票上，然後問我是不是要帶出國。我心裡想，這幾件木雕並沒有多少錢，還值得辦退稅嗎？我在其他國家買木雕，從來沒有辦過退稅。而且有些國家規定，採購達到一定的金額，才可以辦退稅。難道是安

國政府鼓勵外國觀光客採購，不論金額多少都可以享受退稅嗎？

我心存感激地告訴店員，我是準備帶出國的，但是今天沒有帶護照，恐怕不好辦理退稅手續，反正沒有多少錢，就不要退稅好了。

那店員聽我講完，連連搖頭，說我搞錯了。他說政府規定，凡是買手工藝品帶出國的，都要另外繳印花稅，按件計算。所以我在標價之外，還要再付稅金。

我聽得呆掉了，真有點不大相信自己的耳朵。但是，他說得清清楚楚，而且也不像在開玩笑，不由得我不信。他的話在我腦子裡轉了兩轉之後，我才反應過來，乖乖地掏錢。我一面付錢，一面問他這是什麼道理。他答得乾脆：不知道。

我後來一有機會就問人，帶出國要繳印花稅，不帶出國就不必付稅，是什麼道理。可惜一直沒有問對人，所以直到現在，還沒有問出真正的理由。

▌派駐塞內加爾期間

電影欣賞會

1996 年我國與塞內加爾恢復邦交，我奉派前往達卡擔任一等祕書。在任期內，我主辦過一次國產電影欣賞會，地點選在達卡市中心一處中小型文化活動中心，我挑選了五部有法文字幕的劇情片，每天下午及晚間各放映一部片子，為期一週，邀請當地民眾前來免費觀賞。事前我們花錢印製了宣傳海報，在達卡市區重要路段大量張貼。另外，由於當地收音機比電視機更為普遍，我們特地還在廣播電台播出宣傳廣告，一再強調免費入場，希望民眾相互轉告，屆時爭相前來觀賞。

活動開始的第一天，第一場的觀眾大約二、三十人，第二場只有十幾個人。我非常驚訝。接下來的場次，令我更為驚訝與不解，觀眾是一場比一場少，有一場觀眾只有三個人。所以可以算是慘不忍睹，非常失敗的活動。

越野賽跑

過了幾個月,同館的周慶龍兄奉命主辦一項越野賽跑(謹註:這不是我做的蠢事,只是用來做對比)。我們選定某一個星期天上午舉行。起點是我們大使館,終點是達卡市政府。到達終點後,由杜大使筑生與達卡市長聯手頒發優勝

作者(左一)與杜大使筑生(右一)參加塞內加爾越野賽跑頒獎典禮。

者獎金及獎品。慶龍兄事先經過實地測量，明確規劃了行進路線及距離，並且在轉折處都作了明顯的標示。

我們從台灣訂製了幾百件印有兩國國旗的 T 恤，準備贈送給當天參加的跑者，先報到先領取，送完為止。這一次，我們也是事先在達卡街頭廣貼宣傳海報，同時也在廣播電台宣傳，邀請民眾踴躍去達卡田徑協會報名。

比賽那天，大使館前一大早就出現了人潮，距離起跑九點鐘還有一小時，人潮已經把道路塞滿了。跑者領取了 T 恤後穿在身上，一眼看去，大使館前一片旗海。九點整，杜大使鳴槍起跑，霎時間，萬頭攢動，國旗跳躍，場面極為壯觀。這項活動不但上了當地電視新聞，也博取了當地報紙重要版面。

檢討分析

前述兩項活動的成效有天壤之別，我事後分析其原因及關鍵，得出以下幾項心得：第一，提供誘因。第二，投其所好。第三，合作對象。

1. 電影欣賞會沒有紀念品，也沒有有獎徵答，沒有什麼

特別吸引人的地方。越野賽跑不但有紀念品，優勝者還有獎金，比較能夠引起民眾興趣。

2. 足球是塞國最受歡迎的活動。當地民眾對於電影，尤其是外國電影的興趣，遠遠不及運動或跑步。投其所好的活動，自然容易引起廣大的迴響。

3. 最重要的關鍵：電影欣賞會是我們獨自籌辦的。越野賽跑是慶龍兄特地跑去達卡田徑協會，邀請他們與我們合作舉辦。田徑協會欣然接受，並且提供了他們的資源及經驗，活動成效自然不同凡響。

我深深體會到，我們外館在駐在國舉辦任何活動，如果只憑自己之力，必然事倍功半甚至徒勞無功。如果能夠與當地相關機構、團體合作，就能藉由他們的名聲、人脈、經驗以及動員能力，把活動辦得有聲有色。

沿途風景　珠吉國家公園遊記

塞內加爾位於非洲西部，北部及東部分別與茅利塔尼亞及馬利接壤，南方有幾內亞比索，國土中間夾著甘比亞，是

法國與英國分別殖民後形成的奇特現象。

　　塞內加爾面積 19 萬六千七百平方公里，大約是台灣的 5.5 倍。19 世紀成為法國殖民地，因此官方語言為法語。1960 年獨立，施行民主政治，政局堪稱穩定。但是境內缺乏天然資源，人民教育程度不高，雖有國際組織及若干先進國家提供援助，仍然未能擺脫貧窮。

　　塞內加爾北部有一座國家公園，名叫珠吉（Djoudj）。位於塞國與茅利塔尼亞交界的塞內加爾河流域，公園面積一萬六千公頃，比半個台北市還要大一些。園區包括塞內加爾河主流及若干支流，是一大片有水、有草的濕地，成為鳥類棲息的理想環境。

　　公園裡的鳥類有 365 種，其中比較特殊的有：1. 每年12 月從法國飛來避寒的候鳥火鶴（flamingo）。2. 從東非及北非來的鵜鶘（pelican，俗稱送子鳥）。3. 從歐洲來的小燕子。4. 本地土生的小野鴨，外號非洲鴨（African duck）。5. 扁嘴鷺鷥（spatula）。

　　園內火鶴數量約一萬七千隻，他們每年 12 月來，第二年 3 月中旬回法國，飛行時只在摩洛哥休息一次。全身白色，

腳呈紅色，翅膀裡藏有粉紅色及黑色羽毛，站立水中時，只見紅腳白身，一展翅，則見粉紅、白、黑相間，煞是好看！他們不吃魚，只吃水中的小蟲，所以習慣站在淺水河流中覓食。腿長約 45 公分，所以水深超過 45 公分的地方就不去，因為水會淹到肚子，牠們不喜歡。

　　火鶴在淺水區成群結隊緩緩而行，那景象既壯觀又悠閒。由於牠們在水中步行，打擾了河中小魚，小魚就浮上水面，這時一群灰色小鳥就衝向水面捕魚。所以有火鶴的地方，就會有這種小灰鳥，藉機捕魚，形成相依的情形。由於中午太熱，火鶴都是清晨或黃昏前來水中覓食。

　　我們傍晚抵達公園，立刻趕來看火鶴。只見河中一隊火鶴，大約兩百多隻，一邊步行，一邊發出喔喔的叫聲。牠們很怕人，我們必須躡手躡腳靠近，下車時也不能關車門，靜悄悄地躲到樹叢後偷看。在遠離塵囂的小河中，親眼看見這麼多稀有鳥類，四周寧靜，清風徐來，令人覺得這世界真美好。我們看了一陣子，就故意發出聲音，於是他們一齊展翅而飛，在河面上構成一大片紅、白、黑相間的雲彩，我們都看呆了！兩百多隻一齊飛，那畫面說有多美，就有多美！

　　看過火鶴，我們去找大蟒蛇。途中看見一小群野豬。野豬通常是一家一家行動，爸爸帶頭，在原野上小跑步，媽媽和小孩跟在後面跑，一直跑，一直跑，跑個不停。偶爾停下來看看我們，然後又跑。野豬的尾巴像獅子尾巴，由於牠們每天運動，所以身體健康，跑起來昂首碎步，豎起尾巴，非常神氣，野味十足。

　　我們來到河邊的一處樹叢，下來找蟒蛇。大蛇怕熱，白天都躲在樹叢裡，清晨或傍晚才出來覓食或到河邊喝水。我們東看西找，沒有蟒蛇的蹤影，於是找來監哨的士兵，請他幫忙找。他是當地土著，穿著背心短褲，全身黑黝黝的。只見他在樹叢間跑來跑去，彎腰低頭找蛇，遠遠看去，就像《上帝也瘋狂》電影中的畫面，有趣極了。那天運氣不好，始終沒有看到大蛇。據士兵告稱，大蟒蛇身長五、六公尺，園區裡共有兩、三百隻！

　　這時天色已暗，我們只好回旅館休息。途中遇到旅館經理在河邊釣魚，他說今天一條也沒釣到。但是前兩天就在相同的地方釣到一條大魚，有 30 公斤重，分給三十幾個人才吃完。

旅館叫做 Hostelrie de Djoudj，就在公園裡，也是園區內外唯一的一家旅館。設備現代，環境優美。客房呈 Π 字形，中間是小庭院及游泳池，晚間在池邊打起燈光，美得不得了。但是因為旅館遠離人煙，身處野生公園中，伙食簡單。所需電力完全靠自己發電機，所以晚間 12 點就停止供電，房間裡一片漆黑，起床上廁所要點蠟燭。

經理說，有一次晚上熄燈後，有一隻野豬跑來游泳池喝水，一腳滑進池裡。野豬不會游泳，也沒辦法自己爬出來，急得大叫。旅館人員趕緊打著手電筒，用網子把野豬救上來。經理說這隻野豬現在還常常來旅館玩，但是不再靠近游泳池。

第二天上午，公園管理處處長駕車帶我們參觀園區。在河邊又看到一大隊火鶴，數量比昨晚更多。我們沒有驚擾牠們，繼續前進。在園區中行車，一望無際，車子兩旁空無一物。行經某處時，忽然旁邊有一群小燕子飛起來。原來牠們就在旁邊，我們竟然沒發現。等車子過去，牠們又飛回原地停下來。我們停下車子，從遠處用望遠鏡偷看，這才看清楚剛才經過的地面上，密密麻麻一大片，全是這種小燕子，至

少有一千多隻！

他們站在地上，一動也不動，頭全部朝向同一個方向。他們身子很小，羽毛呈黑褐色，所以我們剛才經過時，還以為是一大片小石頭！處長說：小燕子正準備飛回歐洲。因為牠們身子很小，體力有限，所以在長途飛行之前，就盡量不動，保存身體裡的脂肪，作為飛行時補充體力的資源。

我們來到一處河邊，看見河水中黑壓壓的一片，遠看像是浮在水面的一些枯草或枯枝。用望遠鏡一看，居然是成千上萬隻小水鴨。當地人叫他們「非洲鴨」。牠們也是黑褐色，在水面擠成一片。遠看是一片，用望遠鏡看，牠們一隻一隻排列得十分整齊。像是一隻訓練有素的部隊。處長說園區內的非洲鴨大約有 40 萬隻。他們分散在不同水域，每一處至少都聚集幾千隻。

看完野鴨，我們換乘小船，沿著河道而行。只見兩岸水邊各種鳥類活動飛耀。有很多扁嘴鷺鷥忙著在水裡吃小魚。牠們嘴型很像黑面琵鷺，前端是扁圓形。在水裡不停地啄，偶爾停下來看看我們，又繼續啄。直到吃飽了，才飛到水邊樹上棲息。

　　小船沿河而上，左彎右彎，來到一處河灣。那裡是鵜鶘聚集之處。只見遠處密密麻麻一大片。小鵜鶘羽毛帶灰色，長大之後才變成純白色。他們大約在每年四月離開塞內加爾，飛回歐洲。當時正是小鵜鶘學飛的時期。鵜鶘不怕人，但是小鵜鶘在河中學飛，爸爸媽媽仍然輪流在附近監視保護。

　　我們小船靠近時，立刻有兩隻大鵜鶘迅速衝著我們迎面飛來，確定我們對小鵜鶘沒有敵意後，就降落在我們旁邊的

塞內加爾鳥園。

河面上。鵜鶘身體巨大，雙翅張開，比我們一個人伸出雙臂還要寬。飛起來，真像一架小飛機。河岸聚集了一大群鵜鶘，幾乎都是小鵜鶘，牠們雖然體型高大，但還不會自己捕魚，要等大鵜鶘捕魚餵食。

在小鵜鶘群中，我們看到有幾隻大鵜鶘。處長說：牠們是輪值留守保護小鵜鶘的。其他的大鵜鶘呢？原來是集體出去捕魚了。牠們捕到了魚，就飛回來餵食。處長說：大鵜鶘把魚整隻吞到肚裡，吃到一公斤左右，就回來把魚吐出來餵小鵜鶘。說著說著，天邊出現了一群鵜鶘。第一批爸爸媽媽回來了。

牠們飛行姿勢非常優美，在天空一字排開，兩翼平伸，靜止不動，完全利用氣流滑翔飛行，一副悠哉悠哉的樣子，

塞內加爾鵜鶘。

瀟灑極了。偶爾氣流不穩時，才撲動一下翅膀。就這樣在天空翱翔，忽左忽右，由遠而近，由高而低，順著氣流而來。到了要降落時，先飛過降落點，再轉過頭來，逆流而飛，同時撲動翅膀，緩緩落地。處長說，如果牠們順著氣流下降落地，會因為衝力太大，不是衝過降落點，就是衝撞受傷。

這時候，有一隊大鵜鶘，一字排開，貼著河面飛來，寬度竟占滿整個河面，像是一隊轟炸機低空掠過，氣勢驚人。我們看著看著，只見一隊一隊的大鵜鶘先後飛來，天空中極為熱鬧。由於氣流變化萬千，每一隊鵜鶘的飛行路徑也不同。有高有低，有左有右。一時之間，我們好像在看飛行表演。處長說當時園區中大約有六千隻鵜鶘。

看過鵜鶘，我們循原路回來。回旅館途中，經過一個小村落，村民都用頭巾把頭、臉、耳、鼻全部包起來，只露出眼睛。因為那裡不時會颳起大風，把地面的灰沙吹起來，如果不包頭巾，馬上就會「灰頭土臉」。我們都沒有頭巾，所以就「灰頭土臉」地回到旅館。

1997.1

塞內加爾北部牲口市場。

▌派駐法國期間

餐桌座位卡

　　話說更早些年，我在駐法國代表處擔任三等祕書時，有一次國內有高級長官來訪，法方安排某天在里昂舉行正式午宴歡迎。龔代表政定要我事先準備餐桌座位卡，當天帶去餐廳使用。前一天，我把做好的座位卡裝在紙袋裡放在辦公桌上，然後就去忙其他的事。那天工作到很晚，然後匆匆回家吃飯。第二天，我從家裡直接去旅館接長官，一同去火車站搭車前往里昂。火車開動後，我突然想起座位卡還在我辦公桌上。嚇出一身冷汗後才想，怎麼辦？只好趕緊向龔代表據實報告。龔代表並沒有責備我，只是跟我說他帶了一份備用的座位卡。

檢討心得

　　第一，長官的寬容與雅量，會讓犯錯的部屬記在心中一輩子。第二，辦理重要的事情，一定要有應變備案。第三，下班離開辦公室時，一定要想一下明天的行程或待辦事項。

▌在非洲司期間

記者套話

　　2012 年初，我在非洲司奉命安排總統出訪非洲友邦。在總統府發布新聞前，對外一律保密。但是新聞記者總是能夠嗅出一些味道，味道越來越濃之時，他們就想要證實一下。有一天，有位記者打電話給我，劈頭就問總統這次出訪是坐專機，還是搭班機？我說當然是坐專機。才說完，我就發現上當了。他不是要問坐什麼飛機，他只是想知道總統是不是要出訪！

檢討心得

　　第一、回答別人的問題，不要太快。話說出去，就收不回來了。古人說：「話到舌尖暫隱藏。」我們應該時時提醒自己。第二、在忙碌的時候，接到電話，要先沉澱一下，把思緒拉回來再去講電話。

▊ 在歐洲司期間

民眾觀感

　　我在歐洲司的時候，有一次，歐洲某國重要人士來訪，我們安排總統接見。那位外賓英語不流利，而他的本國語言又屬於特殊語言，我們只好請一位在台灣的該國留學生協助翻譯。總統接見外賓時，通常在開場寒暄時開放媒體採訪，媒體記者離開後再正式交談。因此那天媒體都拍到總統致詞時，旁邊坐著一位外國人在翻譯的畫面。第二天，就有人質疑外交部難道沒有人能夠翻譯嗎？外交部有很多人精通外語，但只是一種或兩種外語，沒有人精通全世界各種語言。外交部也確實找不到精通某些特殊外語的人。但是，民眾不會去考慮這些細節，看了新聞觀感就產生了。

檢討心得

　　這件事也讓我深深自責。我們從實務面處理事情，從自己的角度看問題，往往忽略了第三者的觀感。那一次，如果我先請一位本部精通英語的同仁擔任開場寒暄致詞的翻譯，等到記者離開，總統與外賓正式交談時再請那位留學生上場，不是就沒事了嗎？我只能自我安慰：後知後覺，勝於不知不覺。

▍附錄　老外交官的工作筆記

外交工作應圓融

　　大約 30 年前我在歐洲司工作時，駐歐某館建議邀請曾多次訪華的當地友人偕其姪女來訪，機票自理，請本部招待在台食宿交通，並要求安排赴金門參訪。我認為本案為酬庸性質，邀訪效益有限而婉拒。但外館堅持，只好心不甘情不願地接受。在那個年代要赴金門參訪，必須洽請國防部安排軍機機位，並由國防部提供當地車輛，派員全程陪同參訪。因此都是重量級外賓來訪，本部才作此項安排。我當然拒絕此項要求。

　　訪賓抵台後知道沒有金門行程，非常不高興。直接向部長表達不滿。部長了解情形後，立刻指示安排金門行程。

　　我的理由及考量都合乎規定，因為邀訪預算有限，應該用來開拓新的人脈。尤其是在當地有影響力的人士，或者是

富有潛力的青壯人士。而不是用來酬庸曾多次訪華的友人。
但是我沒有考慮到，訪賓既然來了，我們還是應該讓他們感
到滿意及感謝，而不是招致不滿。這位友人自己去過金門，
只是想藉用自己的關係，帶姪女去舉世聞名難得一去的金門
參訪。因此非常在意金門行程。

從專業考量，我沒有錯。但從政治考量，我不夠周延
圓融。有些事情沒有絕對的對或錯，最重要的是要有正面的
結果。否則事情做了，卻得不到預期效果，更是得不償失。
本部前輩曾經告訴我們，外交工作要廣結善緣，千萬不可樹
敵。我們外交工作要靠朋友協助，有的時候即使有朋友協
助，還不一定能夠成功。如果不慎樹敵，有人存心破壞，我
們就很難成事了。

外交工作要靠人脈

許多年前，歐洲某國國慶前幾天，我派駐該國代表處
接獲指示，國內有高層長官要來參訪，請該館洽辦簽證並安
排長官參加該國國慶典禮。外館接到指示後，立刻洽請該國
外交部核發簽證並協助安排參加典禮事宜。我與該國關係良

好，但也不特別密切。該國外交部對於我國高層長官來訪本有顧忌，我方又要求參加國慶典禮，使對方感到十分為難。經外館力洽，對方終於核發簽證，但是入境日期須在國慶之後。意思是，同意高層長官前來低調參訪，但不希望對外宣揚。外館報回國內後，高層長官震怒。

　　該館情急之下，去找一位當地友人求助。這位友人直接打電話給該國外長，第二天，該國外交部重發簽證，隨時可以入境。

　　前文說過，我們外交工作要靠朋友協助，因此外館必須在當地建立人脈。而且這些人脈必須代代相傳。因為建立人脈需要機緣以及長期經營，不是隨手可得。前任館長及館員，要把前人留下的人脈，以及自己建立的人脈，全部移交給後任同仁。如此，外館工作才能順暢，遇到難題也能迎刃而解。

　　更重要的是，人脈之中，必須有一、兩位極其重要的人士。此人不但對我友好，而且有膽識，同時具有「通天」本領。平時我們不去煩擾他，但在情況緊急時，他可以救命的。謹述說此一故事，供駐外同仁，尤其是館長，作為工作參考。

沙盤推演與應變備案

　　我在外交學院的時候，曾經跟 47 及 48 期新進同仁講過這個故事。1996 年我國與塞內加爾恢復邦交，我奉派前往達卡擔任一等祕書。1997 年，當時的國民大會議長錢復先生，帶領一個代表團，前來塞內加爾訪問，同時與塞國國會簽署友好合作協定。

　　我們大使館事先做好了各項準備及行程安排。代表團抵達前一週，杜大使筑生帶領全館同仁作一次沙盤推演。從大使館出發去機場接機，接機時工作分配，車輛調度，團員接待及引導乘車，行李領取及運送，赴旅館路線，抵達旅館後接待及登記工作等等，全程演練一遍。

　　在演練過程中，我向杜大使報告車輛安排情形。由於團員人數不少，除了大使館公務車，以及農技團駐達卡同仁的公務車，我還商請塞國外交部支援四輛汽車。剛好可以搭載全體團員及行李。杜大使問我：「萬一有車輛臨時故障怎麼辦？」我無言以對。於是再協調農技團從南部支援兩輛車，作為應變備案。

訪團抵達那天，我們準時抵達機場接機。這時發現有兩部車還沒到機場。等飛機抵達後，這兩部車還是沒出現。我才深刻體認到事先提高警覺的重要，更是暗自佩服杜大使未雨綢繆。如果沒有準備兩部備用車，當時一定亂成一團，狼狽不堪。

那次實際經驗，讓我至今不忘。後來也一再提醒新進同仁，將來辦理重要案件，一定要事先做沙盤推演，而且要深入每項細節。在推演過程中，可以發現許多疏漏，趕快調整補正。同時要準備應變備案，以因應突發狀況。有人說，遇到突發狀況可以隨機應變。但是每個人隨機應變的能力不同，當時可用的資源也難以掌握，遇事依靠隨機應變是非常危險的。

逆向思考

若干年前我派駐外館期間，曾經多次接奉部內指示，要外館洽請駐在國，包括無邦交國家，助我參與國際組織。部裡通常都提供說帖，要外館據以向駐在國政府詳細說明我方立場。我們當然遵照辦理。每次向駐在國外交部官員說明

後，對方都表示了解。但是每次也得不到具體回應。

　　幾年之後，我跟對方官員漸漸有些私人交情。在我奉調回國前，特地拜訪這些公務上經常聯繫的官員辭行。其中有位官員跟我講了幾句話，令我印象深刻。他說：「你每次請我們協助你們參與國際組織，都講出許多你們要講的話，雖然很有道理，但不是我們需要聽到的。你應該告訴我：我們為什麼要幫你們？對我們有什麼好處？幫了你們會不會有什麼後遺症？你當然不便明講，但至少要暗示。我們都很忙，自己的問題已經夠多了，通常不會花時間去幫別人思考問題。」

　　他的話雖然不中聽，也很殘酷無情，但這的確是國際現實。他是因為跟我有些交情，才願意說出不大合乎外交慣例的話。

　　從此之後，我接到部裡提供的說帖之後，都不敢直接原文照轉對方官員，一定要想盡辦法，加上一些跟駐在國切身有關或者他們會感到興趣的議題、論點。

　　很多年前，林前部長永樂（那時他是歐洲司副司長）曾經拿著一篇我寫的公文來問我：「如果你是受文者，看了這篇公文會有什麼反應？」

同樣的道理，我們寫公文，或者跟對方交涉，不能只講我方觀點。要能同時想到對方觀點及立場，預先替對方想好理由及作法，才能具有說服力。

維護國家形象

駐外人員言行舉止及服裝儀容不僅代表個人，也代表國家，當地民眾無論貧富，均眼睛雪亮，全部看在眼裡、記在心裡，尤其是外館當地雇員。他們嘴上不說，但是心中都有一個評量，我們國家在他們心中的形象就逐漸成形了。所以每位同仁外派期間，都肩負了維護國家形象的任務。

兩岸關係論述

駐外人員無論執掌及職級如何，都有可能被外國友人問到兩岸關係議題，要能清楚說明我政府大陸政策。例如：現階段兩岸無法進行政治談判，原因在於國內尚無共識。如果推說並非自己職掌範圍，不予回應或說不清楚，不但喪失說明機會，也可能遭人輕視。建議年輕同仁在國內時，多關注兩岸議題，蒐集正確資料，以備將來外派時參考運用。

工作方法

1. 辦理重要案件應事先沙盤推演，並準備應變替代方案，以便應付突發狀況。

2. 長官交辦事情，應隨即做筆記，並隨時呈報辦理情形，不要等到有結果才報告。對於長官指示，可酌情建議替代方案，但不宜堅持。

3. 辦理大型或需要人場的活動，應找當地相關機構或團體合作，運用當地團體的人脈及動員能力。

自我警惕

1. 團隊中「人和」最重要，如果與同仁不和，自己痛苦，也使長官困擾。

2. 不必在意眼前勞逸不均。能者多勞，必有回報。

3. 要有危機意識。在治安較差地區，要穿著能跑步的鞋子，以便因應突發狀況。例如，萬一不幸被扒或被搶，還可以立即追趕。外出回來第一件事：用肥皂洗手。

雇員關係

1. 務必依照當地勞工法令辦理。倘有雇員表現不佳情形，應以書面方式告知，並留紀錄。
2. 職雇員薪資屬個資法保護範圍，處理過程應保密，不宜告知第三者。
3. 應以自己才能及品德爭取雇員之尊重，切勿以職級對待同仁。

生活

1. 住所務必選擇安全及交通便利地區，靠近子女學校，或在辦公室附近的地區。
2. 必要時可以考慮自行貼補房補費，不要只想著省錢。
3. 住所不當，後患無窮。

▌附錄　懷念齊代表

　　我的前輩，前駐盧森堡代表齊祐先生於 2017 年 5 月 17 日在台北衰老過世。他也是我在淡江歐洲研究所的老師。

　　我考進外交部後，他非常高興，不時在工作上給我提點。

作者（右一）與齊代表（中坐者）及李大使宗儒（左一）合影。

　　他告訴我，做外交官出手要大方。他說有一年他出差去法國馬賽辦事，在當地旅館住了幾天。每天早上旅館服務生都會送來一份當天的報紙，只有他有，其他的房客都沒有。為什麼？他去餐廳吃飯，兩、三次之後，就不需要訂位，服務生一定會找座位給他。為什麼？因為他給的小費漂亮！

　　我們在外館的工作之一，是向外交部呈報駐在國政情。要了解政情，除了平時多與當地人士交談以外，更要多看當地報刊。我們通常是把報刊上重要的新聞及評論做成摘要報回外交部。但是齊代表告訴我，看報刊，要看他們沒有寫出來的部分。他用法文說：entre les lignes。也就是說，我們看報刊，不能只看字面，要能看懂字裡行間更深層的含意。所以他常說，報政情，不是只做新聞摘要，而是要做研析及評論。如果能看出報刊內容的深層含意，就自然可以分析評論了。

　　1993 年我調任歐洲司第二科科長，他跟我說：「你擔任主管了，除了長官，也有部屬，要知道如何照顧部屬。最重要的就是，不要跟部屬爭功勞，要為部屬擔過。事實上，我們的長官很清楚功勞是誰的，如果我們把功勞歸給努力工作的基層同仁，對他們而言是很大的鼓舞。相反的，基層同

仁難免有過失，只要指出錯誤，讓他們記取教訓不再犯錯就好了。責任就由做長官的來承擔，相信整個團隊的工作績效一定不斷提升。」他這一番話，我牢記在心，也是我在本部工作 35 年，從來沒有違背的基本準則。

齊代表早年留學法國，有海洋法博士學位。他的一生，除了教書，全部奉獻於外交工作，尤其是在對歐工作方面。當年本部歐洲司成立第四科，負責對歐工作方案，他就是首任科長。後來歐洲司再增設東歐小組，據說也是他建議的，齊代表對提升我與歐洲國家關係功不可沒。

我在外交學院工作的時候，齊代表很想來指導新進學員。但是他年事已高，我不敢勞累他，總是跟他說，我一定會盡量把他教給我的，傳承給新進學員。他的才智及見解，我們只能欽佩，無法學習。但是我們可以學習他的風範及工作方法。

我駐海地大使館遭強震坍塌（相片由海外工程公司張士錡先生提供）。

海地地震受傷記
2010.8.12

▎前言

　　海地位於加勒比海，是一個島國，面積兩萬七千七百平方公里。島的東半部為多明尼加共和國。海地是美洲唯一以黑人為主體民族的共和國，也是美洲唯一的極度貧窮國家。

海地總統府。地震後半毀。

　　2010 年 1 月 12 日，海地發生七級大地震，我當時就在海地，也在地震中受傷。很多親朋好友關心我的傷勢，紛紛問我當時的情形，並且建議我把經過情形記錄下來。我覺得是應該作一個紀錄，同時也可以藉這個機會，對把我救出來的朋友以及大家對我的關懷表示深深的感謝。

▎受困與脫困

　　1月12日上午，我去海地總統府，向蒲雷華總統（René Préval）報告我要離任的事。總統表示尊重我國政府的決定，並對繼任人選表示歡迎。下午，陪我去見總統的同事，已經把電報稿寫好，準備把經過情形報回外交部。電報還沒來得及發出去，地震就發生了，時間是四點五十幾分。

　　地震發生時，我剛從電務同仁辦公室走回自己的辦公室，才一進門，屋子就開始搖晃，我第一個念頭是：這是怎麼回事？念頭剛剛閃過，屋子已經搖得更加劇烈。轟隆一聲，書櫃上的電視機被震動得掉到地面，我大吃一驚，心想，大概是土石流造成地層下陷，這屋子要垮了。第三個念頭是：我該怎麼應變？是不是找個安全角落或屏障？這第三個念頭才閃過，嘩啦一下，腳下不穩，我已經身陷瓦礫碎石當中。當屋子劇烈搖晃，我想要應變時，已經來不及了，牆壁和天花板都倒下來，把我夾在瓦礫碎石當中。我估計從屋

子搖晃，到牆壁倒塌，大約五秒鐘。

等我回過神來，發現從頭到腳都被卡住，只有左臂可以活動。有一片比較完整的水泥板，從我右上方斜向左邊，造成一點空間。就靠著這小小的空間，我才能夠呼吸。

我試著移動身體，結果，頭部可以轉動一點點。右肩，右臂被卡住不能動。胸背周圍都是礫石，腰部左邊透空，右邊靠著礫石，也不能移動。最慘的是兩條腿，不但被瓦礫碎石緊緊包夾，而且是扭曲的姿勢，難受極了。我試著用盡全力移動雙腿，但是他們就像石中劍一樣，在石頭當中絲毫不動。

幾分鐘之後，兩腿開始發麻。我想，兩腿發麻失去知覺，後果可能非常嚴重，所以不斷用左手刺激左腿上端。為什麼是左腿上端？因為其他部位全在礫石當中，根本碰不到。

地震發生時，天還沒有黑。我在瓦礫中四處張望，發現上下左右都是礫石，沒有通路，只有左下方有一點亮光，心想那是唯一的通路，應該設法從那裡爬出去。但是當我用盡氣力，仍然無法移動身體時，只好告訴自己，自救已經不可能了，等待外人救援吧！

過了不久，天色變暗，眼前只剩下一片漆黑。我想到曾

經聽說有人在瓦礫中以手機求援因而獲救，於是掏出掛在左邊腰帶上的手機，想要對外聯絡。可是打開手機，卻毫無訊號，大概是手機被打壞了。

　　地震當時，大使館內一名清潔工 Fénias，正在我辦公室門外打掃，閃躲不及，也被壓在瓦礫之中。他被這突如其來的巨變嚇壞了，大聲呼救。我知道在等待救援時，保持體力非常重要，立刻叫他名字，安慰他，讓他安靜下來。

　　他說他無法動彈，我告訴他我也一樣。他說我們會死，我說不會，因為已經有人去求援，不久就會有人來救我們出去。他問我要等多久，我說五分鐘吧。他居然說太久了。我只好繼續安慰他，要他專心祈禱，不要再講話，在這個時候，保持體力，避免流失水分最重要。他居然把我的話聽進去了，真的安靜下來，嘴裡一直唸著 Jadi, Jadi!（當地土語，就是上帝的意思）。

　　我當時並不害怕，但是兩腿姿勢扭曲，被礫石緊緊擠壓，動彈不得，而且愈來愈麻，難受的程度難以形容，每一分秒所受的煎熬不斷累積，我真的不知道自己能不能撐下去。當時唯一能做的，也是不得不做的，就是設法分散自己

的注意力。於是我一邊唸佛號，一邊用唯一能動的左手，不斷地撥動身旁的砂石。

起初我還想藉此把兩腿抽出來，後來發覺下半身周圍都是大塊礫石，而且相互卡位，光靠我一隻左手，根本無法移動它們。但是當我用左手撥動砂石時，注意力就在左手，時間一分一秒比較容易過去。這個動作雖然對於脫困於事無補，但左手一停，痛苦的感覺立刻衝上來。於是我不停地撥動，累了，就暫停一下；熬不住了，就繼續撥。在被困的六個小時裡，前面五個半小時，就是靠著口唸佛號，手撥砂石，一分一秒地度過。

我當時也曾經想到：兩年前被政府派來這裡工作，會不會就這樣死在這裡？我想應該不會，因為完全沒有這種感覺，而且我始終有信心，認為自己一定會被救出來。只是兩腿被困發麻，就算人被救出來，兩腿也可能報廢，從此要坐輪椅。接著又想，只要還能活著，坐輪椅就坐輪椅吧，自認倒楣吧。想到這裡，似乎有了最壞的打算，就不再東想西想了，只是一心希望早些脫困。

我回到台灣後，許多朋友最想知道的，就是我在被困的

六個小時裡，我在想些什麼？現在回想起來，好像當時也沒有想什麼特別的事。起初是想想到底是怎麼回事，然後想：身處這種困境，應該怎麼應變，應該怎麼脫困。我認為四周都是瓦礫土石，應該從上方把我們救出來，可是沒有辦法告訴外面的人。我也想到會不會死，最後是一心盼望外面的救援人員動作快一點，因為被困在下面實在太痛苦。

第一次大震後，我們已經身陷礫石當中。接著又有幾次餘震，把礫石愈搖愈緊，也使我們賴以呼吸的空間變小，每次餘震，Fénias都嚇得大叫，我也很怕礫石繼續擠壓我們，所以用左手拿幾個石塊，去撐住石板的幾個懸空處。所幸餘震沒有把礫石空間填滿，否則等不到別人來救援，我們早已悶死了。

同樣被困的齊公使王德事後告訴我，餘震也使壓住他的石塊不斷向他擠壓，如果救援人員再晚幾分鐘才挖到他，他恐怕已經氣絕了。

地震後不久，我聽到同事溫啟甫在外面叫我和齊公使，我們分別回應。他們說，已經請人去求援了。我希望他們趕快採取行動，因為我們在跟時間賽跑。

當救援人員開始挖掘時，我旁邊的清潔工一再要求不

要忘記他，他認為救援人員一定先救大使，很可能就放棄他了。我非常同情他的處境，一再向他保證一定救他出來。這位清潔工在我之後被救出，可是因為被壓太久，雖然保住生命，但手腳傷勢到我離任時都還沒有復原。

天黑之後，也不知道過了多久，我聽到有人在挖掘的聲音，也聽到陳祕書明杰的聲音。他說已經找人來幫忙挖了，要我們再忍耐一下。我想，大概可以獲救了，只是希望能夠早一點出來，因為被埋在瓦礫堆中的感覺非常不好。

我呼吸時，聞到全是砂石的氣味，身體四周都是破碎的建材，人也被包夾得動彈不得，而且眼前一片漆黑。那種氣氛跟感覺，無法形容。要不是同仁在外面不時地對我信心喊話，那種孤寂的感覺，只會加深自己的痛苦。

事後我聽內人說，當時天昏地暗，沒有燈光，他們只好用汽車大燈對著瓦礫堆照明，進行挖掘。大使館的司機James帶頭，從使館房屋腰部開始挖，想用挖隧道的方式把我們救出來，後來發現有許多大塊礫石及水泥板，人力無法清除，不得不放棄。

這時，大使館請的安全人員Gary建議從屋頂開挖，結

果非常順利，因為我們都在二樓，頂上只是天花板和屋頂，都是鐵皮或木板之類的輕建材，用人力就可以搬動。雖然清除夾住我們的礫石要費一番功夫，但搬開上方的障礙後，擴大了我們的呼吸空間，拉近了我們和外面同仁的距離，那種死裡逃生，重見天空的感覺，真是太美妙了。

我聽見外面挖掘的聲音，時斷時續，情緒也隨之起伏。

剛開始，只聽到聲音，沒有感到有什麼實際的變化。過了很久，有人問我是否看到亮光，我說沒有，他們又繼續挖。幾次之後，終於看到微弱的光，那是希望之光，我興奮地回答說：「看到了！看到了！」挖掘的人也受到鼓舞，動作立刻加速。

漸漸地，我感覺到附近的礫石在鬆動，表示被挖掘的礫石跟我有些關聯，挖掘的人應該離我不遠了。他們繼續地挖，亮光越來越強。終於，我直接看到了發亮的手電筒，外面的同仁也興奮地大叫：「看到大使了！看到大使了！」

過了不久，有一隻手從上方伸下來握住我的左手，那是Gary。從那一刻起，我就知道真的獲救了。那時大約是晚上十一點鐘左右。

▌求醫與就醫

當海地友人把我從礫石中抱出來後，我看到大使館庭院中有不少人，包括內人在內，我見到她，略感訝異，跟她說：「妳來啦。」她告訴我，海地發生大地震，到處都是斷垣殘壁，我才恍然大悟。

我一直認為是土石流造成我們使館房屋倒塌，以為只有我們陷在瓦礫之中。所以，在過去的六個小時裡，我完全沒有想到她的安危。

她告訴我王德已經被救出來了，還問我有沒有聽到她在外面對我信心喊話，我是完全沒有聽到。因為她在庭院中，離我太遠了。後來 Gary 跟我說，他們在外面聽到我回答的聲音，是從房屋側面傳出來的，並不是我實際的位置，因此起初難以判斷該從哪裡下手。

當他們要把我抱出來時，Gary 很細心，先把我襯衫口袋裡的證件拿出來，然後交給內人，其中包括外交官員證。

我國駐海地大使館地震後全毀。

後來我們倉皇前往多明尼加，又轉去美國邁阿密就醫，身上沒有證件，就只靠著這張官員證入出境。那時候，我們的護照還埋在大使館的瓦礫堆裡呢。

我出來後，發現手錶、手機和結婚戒指都不見了。內人事後說，我那時真是灰頭土臉，頭髮上、臉上都是灰土，一臉疲憊，她永遠都會記得我那狼狽不堪的樣子。

　　救我出來的海地友人把我抱上車後，我請現場人員繼續援救清潔工，然後要司機送我去最近的醫院。

　　到了醫院，才知道那是無國界醫師組織的辦公室，雖然有醫生，卻不是診療處所。但是當時情況混亂又緊急，能找到醫生就阿彌陀佛了。一進入大門，看見滿地都是傷患，那景象真是怵目驚心，很像古代肉搏戰後的戰場。

　　那裡的醫生非常客氣，立刻叫人把我抬進室內，找來一張擔架讓我躺下，一面問傷勢如何，一面解釋這裡不是醫院，不能治療。我說兩腿毫無知覺，不能行動，不知是否骨折。那醫生用剪刀剪開褲管，大概檢查一下，認為應該沒有骨折，隨後幫我打了一針，告訴我這就是他們所能做的。然後他就去處理其他的傷患了。我這才發現，王德已經先被送來這裡，他那模樣真是慘不忍睹。我不知道他傷在哪裡，但是看起來絕對比我嚴重。

　　我們躺在那裡，暫時休息，雖然很疲倦，卻無法入睡。我兩腿兩腳全無知覺，就請內人和明杰幫我按摩，希望能夠幫助恢復知覺。這時候，司機說想回家去看看，我當然同意。

　　過了很久，司機又回來了，說家裡倒塌，但是家人還安

好。我們在那裡躺著，也不知道在等什麼，後來我覺得在這裡乾等，不是辦法。於是請明杰去打聽，在太子港的聖心醫院是否安好，是否接待傷患。大約一個小時之後，明杰回來說，醫院還在，我立刻決定帶著王德一起去那裡。

　　一路上黑漆漆的，只靠著車燈照明，道路重重障礙，有的路段路面都是瓦礫碎石，只能繞道旁邊單線通車。兩旁的房屋，有的看來安好，有的支離破碎。好不容易到達醫院，卻是大門緊閉，門口大群傷患敲門求助，警衛就是不開門。司機跑去向警衛交涉，終於獲得特許進入醫院。

　　院內也是遍地傷患，早已超過醫院正常負荷，難怪警衛拒收門外傷患。護士把我安置在走廊上的一張平板床上，然後找來醫生，我請醫師先看王德，但是他說醫院手術室受震損壞，只能作急救、止血、打止痛針或點滴之類。我只好拜託他盡力而為。我們在走廊上躺著、等著，看著醫生護士忙來忙去，聽到旁邊的人不時地呻吟。

　　地震後的第一個夜晚，就在慶幸已經獲救，危機暫時解除，忍受著痛苦，期待著天亮，卻不知道然後會怎樣，茫然又無奈地度過。

好不容易挨到天亮，看清楚遍地傷患，有的已經氣絕，無人理會，我從來沒有親眼看過這種的景象。天亮之後，我們還是在乾等，因為這裡已經是海地全國最好的醫院，除此之外，不知道還能向哪個醫院求助。

我衡量情勢，認為只有設法離開海地，才能真正獲得必要的治療。於是又請明杰去找美國大使或多明尼加大使想辦法把我們送去邁阿密或聖多明哥。

到了中午，農技團派人來找到我們，送來一點食物。看到同仁陸續出現安然無恙，略感心安。午後，有位我認識的醫生來告訴我們，這裡不但設備損壞，外傷需要的藥品也用完了，大使館所在的貝松市，有兩間小型醫院沒有受損，建議我們去那裡求醫。我與這位醫生互相認識，相信他不是推辭，所以我決定再度移師。

到了第一所醫院，其實是一間很小的外科診所。說明來意後，對方表示有醫生也有藥品，但是醫生正在進行緊急手術，請我們在門外等，不知道什麼時候才能讓我們進去。我覺得不大可靠，就轉往第二所醫院，那是無國界醫師組織的正規醫院。

到了那裡，也是人山人海，遍地傷患。有一位昨天夜裡在他們辦公室看過我們的醫生，一眼認出我們，立刻把我們接進室內，還問我怎麼又回來了。我說其他地方無能為力，從昨夜到現在，沒有任何醫護治療，只好回來。他答應幫我們作必要的醫治，請我們稍待。等著等著，醫生們一直疲於奔命地救人。根本無暇處理我們。

忽然，大使館的公務車司機跑進醫院，說多明尼加派來一架飛機接我們去聖多明哥，下午三點半會到太子港機場，要我們趕快去機場。我難以相信，問他哪來的消息。他說我們駐多明尼加大使館派人從陸路來到太子港，到處找我們，後來找到吳家園中餐館，餐館老闆吳大姊叫他立刻來轉告這消息。

那時正好是下午三點半，時間緊迫，立刻動身。但是司機又說，因為是醫療專機，需要醫生證明。我想這時兵荒馬亂哪裡可以弄到醫生證明。迫於情勢，還是硬著頭皮跟醫生說明情況，結果他二話不說，隨便找來一張紙，用手很快地寫了一些字交給我，祝我們一路平安。

一行兩部車又趕往機場。一路上，也是淒慘的景象。

　　到了機場，遠遠的就看見海外工程公司的張副總，和農團的康技師。他們告訴我飛機已經到了，幫我找來一張輪椅，把我推進機場。這時機場也變得毫無章法，沒有海關及航警人員，他們把我從入境通道直接推往停機坪。

　　我看到了多明尼加台灣商會前任會長張崇斌醫師，立刻明白他是隨著專機專程來接我們的，這種熱忱真是令人感動。我事後稱他為救命恩人，他還一再謙稱不敢。他們當時急著找我們，四處打聽，因為專機在天黑以前必須飛回多明尼加，如果找不到我們，或是時間太晚，結果就麻煩了。

　　在機場看到海地總理還有很多位部長，一問之下，才知道聯合國派駐海地特別代表 Annabi 大使在地震中殉職，大家來恭送他的遺體。想起去（2009）年底總理年終晚宴時，我們還同桌吃飯，今（2010）年一月二日總統新年餐會時也見到他，如今發生巨變真是難以相信。

　　機場除了聯合國的專機以外，還有從美國來的專機，載運一些傷患和美僑。接我們的專機同時帶來許多救援物資，卸下救援物資後，就讓我們上飛機。我們終於搭上了救援專機，在天黑之前順利起飛。

　　到了多明尼加，駐館已經全都安排好了，救護車把我們從機場直接送到首都最好的醫院。院方也立刻做了必要的處理，王德與我終於從死亡邊緣走回人間。

　　事後張崇斌醫師告訴我，我因為兩腿長時間遭到擠壓，造成肌肉溶解，使腎臟無法正常運作，必須及時洗腎，否則有生命危險。我聽了深感慶幸已經轉移出來，因為當時在海地是無法作洗腎治療的。

▌ 多明尼加就醫

　　救護車到達醫院時，蔡大使孟宏和幾位同仁已經在等候，還有許多媒體記者在現場採訪報導。醫護人員把我們推進醫院後，王德和我被送去不同的地方接受診療。

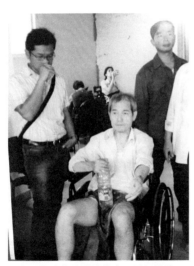

作者獲救後等待搭機赴多明尼加醫治。

　　在一間小病房裡，醫護人員幫我換上罩袍，清洗一下身體，張崇斌醫師和使館同仁幫忙翻譯，協助醫院的醫生來做初步診斷。後來有人來幫我插上導尿管，要我休息，接受觀察。

　　我從來沒有插過尿管，覺得很難受，就用我的破西班牙語要求醫護人

員把它拔掉，可是醫生說不行，我也不敢自己貿然拔掉，只好這樣熬了另一個難過的夜晚。

當天晚上，大使館安排內人去一位僑領家過夜，受到熱忱的招待。

那天晚上我已經非常疲倦，想到人已經到了醫院，後續治療不成問題，心情才放鬆下來，也睡了一覺。雖然因為難受、口渴而睡得不安穩，而且認識的人都不在身邊，但那是地震以來，頭一次真正休息。

我記得有一位中央社記者，從紐約趕來採訪報導。我感到十分意外，在這麼短的時間內，她就找到我們，真是敬業，又有辦法。我在那間小病房裡，簡單告訴她當時的情形。

第二天早上，我被送進真正的病房，也見到了內人和認識的人，到那個時候，我才真正有了安全感。

醫院裡各科的醫生先後前來問診，有的看外傷，有的看內傷，有的看骨骼和神經。我從他們的表情，診斷的手法，感覺他們非常專業。張崇斌醫師告訴我，他們都是醫院裡主任級的名醫，我覺得十分榮幸。在那所醫院裡，我真是受到高度的禮遇，甚至多明尼加的費南德斯總統（Leonel Antonio

Fernandez Reyna）也親自來醫院探視，還用英文安慰我，表示他會請醫院好好地照顧我。

王德的病房在我對面，我們都在六樓，入口處的護理站還管制訪客，未經我們同意，護士不讓訪客進來，使我們一下子變成 VIP 了。

我受傷最明顯的部位是兩腿，醫生們先檢查是否骨折，照過 X 光，確定沒有骨折。有位醫師來測試兩腳有沒有知覺，能不能活動，結果是沒有知覺，但是能動，他說能動表示傷得不算很重。我聽了很高興，心想：大概三五天後，恢復知覺，就可以出院了。

但是這時候兩腿兩腳出現水腫，醫生說要去洗腎，我聽了表示不解，腿受傷跟腎臟有什麼關係？張崇斌醫師跟我解釋，因為兩腿長時間遭到擠壓，造成肌肉溶解，而腎臟一時之間無法把大量的組織液排出體外，所以必須及時洗腎，否則有生命危險。我聽了深深感覺醫師們的專業知識真是了不起。

這所醫院的設備也是令人欽佩，他們把機器推來病房幫我照 X 光，第一次洗腎也是在病房裡進行。我在多明尼加一

共作了三次洗腎。有時候感到胸悶，呼吸有點困難，照了 X 光，發現肺裡有點積水，但是醫生說不必處理，自己會好。創傷科主任也一再向我保證，可以把我治好。

過了一、兩天，內人注意到我左手的外傷還沒有處理，左手有些浮腫，有點著急。於是醫院安排我到樓下外科手術室去清理。大概是手部神經非常敏感，雖然只是皮膚受傷，但如果不小心碰到左手，刺痛的感覺會讓我全身一震。

因為皮膚受傷面積不小，所以先用全身麻醉，再清理傷口。這也是我生平第一次接受全身麻醉，躺在手術台上等著醫生動手。他們要我放輕鬆，不要害怕，但是我看他們走來走去，也不動手。等著等著，不知道什麼時候，就睡著了。

不知道過了多久，我忽然聽到有人在叫我：「Mr. Hsu, Mr. Hsu!」我醒過來，才知道一切都做完了。

原來左手上的泥土和血水都不見了，換成潔白乾淨的紗布。我這一覺，睡得真是舒服，也是近幾年來，睡得最舒服的一次，到現在還回味無窮。

手術完畢，他們把我推去恢復室。在那裡，我見到了費南德斯總統。但是，恢復室的病床很不舒服，我也覺得口

乾舌燥，很想喝水，肚子又餓，護士來來去去幫我量體溫，就是不給我任何東西。那天夜裡，又是一個痛苦的經歷，一直熬到第二天早上，總算有位好心的護士拿了一罐葡萄汁給我。我終於親身體驗到「荒漠甘泉」的滋味。

我到多明尼加的第二天，也就是剛轉進病房的時候，立刻就有很多人來關懷。除了大使館的同仁，還有台商會的僑領，更意外的是看到慈濟的師姐們。

內人事後跟我說，當她看見慈濟師姐們出現時，真是感動，也感到無比安慰，我們那時候才親身感受到慈濟師姐們在人們危難時帶來的偉大安定力量。

慈濟師姐把她手上的佛珠，戴在我的右手腕，告訴我這串佛珠經過上人的加持，一定會讓我早日康復。她們不但帶來一些食物，更細心地為內人準備一些日用品和換洗衣服——我們從地震後就沒有回過家，真是兩手空空來到多明尼加。

到了多明尼加以後，才知道我國政府和民間團體，已經派出救難人員前來救助。地震使得海地電話通訊全部中斷，也把太子港機場航管設備震壞，所有民航班機全部停飛。地

震後第二天，1月13日，各種專機由飛行員憑目測自由起降。1月14日起，機場由美軍緊急接管，未事先獲得美軍同意的飛機，一律不得起降。所以我們的救難人員，以及最初的救援物資，都是先來到多明尼加，再轉陸路進入海地。

我在醫院裡見到了我們搜救隊隊長，以及慈濟美國總會的先遣人員，包括我原來認識，也去過海地的葛執行長、陳健師兄、邢敏師兄。朋友們在那種情境下會面，真是不勝唏噓，不知該說什麼。

我們的搜救隊很快地到達現場，隨即由聯合國救災指揮中心分派加入救難工作，也成功地救出兩名受困者。由民間派出的搜救隊，隨後也到達海地加入救援工作。這時候，我們的醫護人員也來到海地，對受傷民眾提供義診。

救援人員及物資，都是經由多明尼加轉進海地，大量的接待及行政協助工作，使我們駐多明尼加大使館忙到人仰馬翻，技術團和當地僑社也是積極動員，協助處理這些緊急的工作，包括協助通關入境，安排臨時住宿，租用交通工具，和採購大量物資。

當我知道不是像原來期待的三五天就可以出院，而是必

須長期治療時，決定轉去美國邁阿密就醫。一方面可以減輕大使館的負擔，另一方面因為自己略通英語，比較容易跟護理及行政人員溝通。

▋ 前往邁阿密

也是經由大使館的安排，由醫療保險公司租用一架醫療包機把我送往邁阿密。我們沒有帶護照，就憑著那張官員證，由大使館代為交涉，獲得美方特別通融准許入境。

1月19日傍晚，包機從聖多明哥起飛，一路上有兩位醫護人員護送。在半途中，我覺得呼吸困難，醫護人員一量，發現血氧降低，於是一方面調高氧氣濃度，另一方面請駕駛加速，同時安慰我說很快就到了。

降落後，飛機滑向一處偏僻的角落，在那裡辦理入境手續，海關人員還跑來跟我打氣，祝我早日康復，然後由救護車送往邁阿密大學傑克森紀念醫院。那是美國有名的醫院，內人曾經因為腎結石，在那裡住院治療，沒想到這次輪到我。

到了醫院，已經快要半夜了。駐邁阿密辦事處曹處長立傑，胡副處長和謝組長都在醫院等候，等我進入急診室，辦好住院手續他們才離開。內人這次是去處長宿舍過夜。那一

夜，我又落單了。

在急診室裡，醫護人員看了隨機護士帶來的文件，問了我幾個問題，幫我換個尿袋，重新打上點滴，然後驗血，觀察。

過了很久，有位護士說我血中 Potassium 太低，要我喝下兩小罐「飲料」，我不知道是什麼東西，護士提示我這東西非常難喝，要我忍耐。剛一入口，差點吐出來，真是難喝，勉強喝下去，要杯水漱口，護士卻說不行。

又等了很久，我向另外一位護士要水，他猶豫了一下，終於給我一小杯水，那真是甘霖吶。過了一會兒，原來那位護士又來了，說很抱歉，「飲料」還不夠，又要我再喝一小罐。

在急診室很不舒服，也沒辦法安靜地休息，我旁邊有些其他的病患，陸續被送往正規病房。等著、等著，大約是凌晨三、四點鐘，終於輪到我了。護士說我很幸運，這麼快就可以轉進病房。

終於又結束了另一個痛苦的夜晚，也開始了另一段長達25 天的奮鬥。

　　第二天早上，曹處長夫婦陪著內人來到病房，還帶來了一些水果食物。那一天，病房裡真是熱鬧，辦事處的同事、邁阿密的僑胞、慈濟的師兄師姐先後來到，當然少不了醫院裡各科的醫生護士。曹處長還貼心的借我一隻手機，讓我們可以自己對外聯絡。

　　最令人驚訝的是醫院外科主任 Dr. Green 也來看我。他是我在海地認識的美國醫生，曾多次前往海地義診。我們曾經在海地共同主持過一間醫療實驗室完工典禮，因此彼此相識。沒想到他竟然就是這所醫院的外科主任，有了他的關切，也讓我寬心不少。

▌ 治療與復健

在多明尼加的時候，大兒子就說要從洛杉磯來看我。我拒絕了他的好意，因為我覺得自己已經沒有生命危險了，而且有這麼多人照顧跟協助，他沒有必要遠道而來。

等我到了邁阿密，他就自作主張，跟弟弟約好了，兩人分別從洛杉磯和波士頓跑來看我。等一切都安排好了，包括訂好機位和旅館，又租了一輛車子，才打電話告訴我什麼時候會抵達。我無法拒絕，除了表示歡迎和感謝，還能說什麼呢。

內人跟我說：孩子真的長大了。作父母的看到孩子不斷地成長，不但懂事，又能自己處理許多事情，真是莫大的安慰。

1月22日下午，大兒子先來到醫院。我們想起，前不久他才去海地過寒假，1月2日才從海地回美國，事隔20天，就發生這麼大的巨變，真是不可思議。假如我不幸在地震中

喪生，短短 20 天後，就天人永隔，實在是難以接受。

第二天，弟弟也到了。想到他，我們更是捏一把冷汗。因為他也來海地過寒假，1 月 5 日，我還帶他去南部 Port Salut 參加我們援建的海灘工程完工典禮。1 月 9 日他才離開海地。事隔三天，就發生大地震，如果他當時還在海地，不知道會怎樣，回想起來，真是不寒而慄。

我雖然在多明尼加作了三次洗腎，但是水腫完全沒有改善。值得慶幸的是，美國醫生認為我的腎功能逐漸恢復，不必再洗腎，指示繼續用藥物和點滴，讓水腫自然消退。

那時候，我還不能自然站立，行動也要靠支架。有一位復健師每天來幫助我行走，他高大又結實，有他在旁邊護著，我很有安全感。他告訴我，我走得越多，水腫就退得越快。兩個小孩來到醫院後，跟復健師閒聊起來，三個人居然都是波士頓大學的校友，這世界還真小呢。

到醫院不久，不同的醫護人員分別來看診。有一天，來了一位心理治療師，打算給我心理輔導，但我覺得似乎沒有必要。她問我，地震以後會不會作噩夢。我說不會。她又問，我敢不敢回想當時的情景。我說敢。她點點頭說：你似

乎沒有心理上的問題。接著又問目前有沒有什麼事讓我感到不安。我說，已經好幾天了，水腫還是不消，沒有辦法走路，我已經不耐煩了。她說，這事急不來的，要我耐著性子，繼續復健。

過了幾天，她又來看我。我向她抱怨水腫還是沒有消退。她跟我說，你用今天跟昨天比，似乎沒有進步，但是你想想看，當初你剛到醫院時，是個什麼景象，你今天比上個星期要好些，比剛來時要好很多，這就是進步。我聽了覺得很有道理，心情也變得比較平靜，她果然是一位稱職的心理治療師。

有一天，我問腎臟科醫師，現在情況如何。她說，目前的指數是 400，正常是 100。我跟她說覺得不滿意。她說，你剛來時是 4000，在多明尼加時，是 10000，你還覺得不滿意嗎。我聽了嚇得說不出話來。

日子一天一天過去，水腫還是沒有消退的意思。有一次主治醫師帶著學生來巡病房，問我可不可以讓學生看看我水腫的雙腿，我居然成為醫學院學生的活教材，真不知道該感到光榮，還是羞愧。

　　其中有位學生，大概已經快要畢業了，每天早上六點鐘，一定會來到我病床前，很有禮貌地跟我說早安，並且問我感覺如何，有沒有哪裡痛？他每天問同樣的問題，我每天作同樣的回答。

　　那時候，我每天夜裡都睡不好，但是夜裡沒有人講話，也不能看電視或看書，因為內人就睡在病房裡。她白天照顧我，又要幫忙接待訪客，晚上她需要休息，我不能吵她。所以我只能躺在病床上，睡也睡不著，不睡也不行，只是希望早點天亮。

　　六點鐘一到，那位學生就出現在我床前，我們制式的問答結束後，就開始了新的一天。

　　新的一天，我可能從醫護人員的口中，聽到自己病情改善的好消息；新的一天，我可能會看見新的面孔；新的一天，表示沒有進展的昨天已經過去；新的一天，也代表那睡也不是，不睡也不是，無聊而漫長的夜晚已經結束。所以，每天早上六點鐘，就是我最期待的時刻，而那位學生，也就成為那個時期我每天最想看到的人。

　　有一天，旅居邁阿密的葉博士到病房來看我。他是心臟

及腎臟科的專家。他很詳細地跟我解釋我當時的狀況，並且告訴我許多有關腎臟的知識。

他估計我的水腫要兩到三個星期後才會開始消退，但是一旦開始消退，就會迅速消退。我聽了，一則是喜，一則是憂。喜的是，水腫一旦開始消退，會退得很快。憂的是，還要再等兩、三個星期才會有進展。換句話說，我還要繼續忍受水腫給我帶來的痛苦。

那天晚上，我作了一個夢，夢中親眼看見自己尿袋裡的水量迅速增加，而兩腿的水腫也迅速消退，我真是高興。這一高興，夢就醒了。

由於腎臟功能還沒恢復，我的伙食是無鹽的，所以每餐都是食不知味。有一天，慈濟師兄帶來一包香積麵，我一入口，覺得舒暢無比，真的是人間美味，也是地震受傷以來，吃的最香的一餐。

在多明尼加時，身體很不舒服，完全沒有食慾，除了醫院給的濃湯，只吃一點水果。美國醫院伙食，也因為特殊調理，淡而無味。這碗香積麵，讓我想到慈禧太后在逃難時吃的窩窩頭，真的是在患難中才會體會平凡的可貴。

　　過了幾天，曹處長夫人看我每天吃醫院伙食非常辛苦，就在家裡燉了一鍋羅宋湯，拿到醫院給我。她說，只加了一點點的鹽。別人或許覺得這鍋湯淡而無味，但對我而言，這鍋美味的羅宋湯，又讓我重享人間美味好幾餐。

　　日子一天一天過去，水腫雖然沒有消退，但是腎臟逐漸恢復。於是曹處長大膽地請辦事處同仁每天給我送一個便當，後來我們乾脆把醫院的伙食全部退掉，三餐都由曹處長打理，每天就在病房裡享用家常的中式餐。

　　我覺得每天躺在病床上也不是辦法，於是盡量下床走動。起初，走出病房，在走道上走幾步。後來一次走四分之一，慢慢地再加到一半，最後終於可以順著走道走一圈。每次「出走」，醫護人員都向我點頭稱讚，給我鼓勵。陪著我走的復健師也很高興。到後來，我自己一個人走，不再需要他陪伴了。

　　對正常人而言，這走道走一圈，大概只需要一分鐘。而我卻練習了兩個星期，才能走完全程。走一圈也仍然需要十分鐘。我再一次地體會正常與平凡的可貴。

　　有一天，腎臟科醫師下令拔掉我脖子裡的塑膠管，因為

他確定我不再需要洗腎。護理人員從我脖子裡抽出一根十幾公分的透明管子，內人嚇了一大跳，因為她過去這一陣子看我脖子上貼著膠布，從沒想到裡面居然有根這麼長的「外來物」。我當時也有點害怕，怕拔出管子後，血從脖子裡噴出來。所幸護理人員強力按壓，沒有發生可怕的事情。

　　過了幾天，腎臟科醫師又下令拔去尿管，因為這根尿管在我體內已經很久了，怕引起感染。拔了尿管，少了一件負擔，行動比較方便，尤其是在走道上復健。但是必須自己去廁所，我又多了另一項工作，真是矛盾。

　　復健師看我水腫遲遲不消，找來一項工具，綁在我腳上，原來是電動按摩腳套，當我躺在病床上的時候，就不斷地按摩，希望幫助水腫消退。當我要下床去廁所，或者去運動時，再把腳套拿掉。電動按摩很舒服，但是穿脫腳套，就要內人幫忙。所以我受傷，內人也跟著受罪，真是所謂的共患難啊！

▍復健與出院

　　有一天，主治醫師告訴我情況已經穩定，現在該做的事就是加強復健，因此把我轉到復健病房。到了那裡，每天的例行功課就是復健，不但是腿部復健，手部也要復健，因為久臥病床手部也缺乏運動。

　　手部復健就是用左手與右手輪流堆積木，再用夾子把小木塊夾起來放進許多小方格裡。目的是鍛鍊手指、手掌與手臂的運動及控制能力。腿部復健則是仰臥及側臥做抬腿動作，踩腳踏車，蹲下再起身，最後是練習上下樓梯。

　　我每天上午及下午各做一次復健，雖然有些不耐煩，但為了早日恢復只好硬著頭皮堅持到底。日復一日，腿部與手部都有明顯的進步，尤其是兩腿的氣力逐漸恢復，已經可以手握扶手正常地上下樓梯。我心想，或許可以出院了。

　　果不其然，醫院終於正式通知我可以出院了。我能夠出院，那種感覺真是難以形容。因為一方面，可以離開醫院重

獲自由;另一方面,身體狀況也允許我自主行動。「重獲自由」加上「能夠行動」,真是雙重的喜悅。

▎回到海地

　　我雖然可以離開醫院，但是無法立刻回到海地。因為當時海地機場還是由美軍接管，只有軍方專機以及賦有特定任務的包機可以飛往海地。於是我暫駐旅館，請駐邁阿密辦事處設法幫我與內人安排機位。隔了兩天，辦事處通知我，Dr. Green 幫我們安排了一架醫療志工包機的機位。

　　我們照約定的時間來到機場，才知道要搭乘的是一架滿載醫療志工與醫療物資的包機。我們既不是醫療志工，也不是醫療物資，居然可以搭乘這架包機，證明 Dr. Green 不但熱心助人，而且神通廣大。

　　包機到達海地時已經是晚上，大使館的司機 James 和安全人員 Gary 在機場等我們。我身負重傷離開海地，經過多明尼加，又到邁阿密接受治療，終於能夠回到海地，見到當時把我救出來的 James 和 Gary，心裡真是百感交集。他們看到我能夠自己走回來，雖然拄著拐杖，也是十分地興奮。

　　回到海地後，我才確實了解地震造成的損害有多麼慘重。據非正式統計，死亡人數將近 25 萬人，受傷者更不計其數。首都太子港及鄰近大城 Léogane 受創最重，房舍坍塌滿目瘡痍。總統府半毀，外交部、司法部、關稅總局全毀，民間房屋受損者也是不計其數，居民被迫露宿街頭。

　　過了幾天，我去晉見蒲雷華總統，向他報告我國不但派出搜救隊，也派遣醫療團在海地義診，救助傷患。蒲雷華總統知道我在地震中受傷，經過救治後回到海地，十分不捨，不但給我一個友善的擁抱，還把頭靠在我的額頭，以示慰勉，更對我能夠拄著拐杖走回海地表示慶幸。

▌生還唯有感恩

這次受難而能夠倖免，應該感謝許多人。

首先是在現場把我挖出來的海地朋友。最難得是，他們當時沒有先回家去看看自己家人是否安好，而是直接在使館幫忙，一直到我們脫困後，才分別回家。保鏢 Gary 當天並沒有當班，也是在發生地震後，看到家人無恙，立刻步行前來大使館探視，結果幫了大忙。

最後真正把我挖出來的海地人，只是一個路人，聽說需要救援，就志願加入挖掘的工作。他把我拉出來，抱上車，陪我到無疆界醫師組織的辦公室後，就自己離開了，沒有要求任何酬勞。

在聖心醫院時，有個海地年輕人叫做 Raoul 一直陪著我，還幫忙推輪椅，一直到我們轉往貝松市醫院時才離開。我並不認識他，問他為什麼陪著我。他說他知道我是台灣的大使，前兩天還在電視上看到我在南部 Port Salut 主持沙灘整

治完工典禮。他知道台灣對海地提供很多援助，海地民眾都非常感謝，他看到我受傷，主動來幫忙，也是聊表感謝之意，所以也沒有接受任何酬勞。

順利脫險逐步康復後回想起來，我們真是極為幸運，因為有幾個重要環節，都一一接上。第一，海地朋友及時把我們救出來，功不可沒。第二，地震之後，海地通訊全部中斷，幸虧農技團康技師靠著衛星網路把消息傳出去。第三，駐多明尼加蔡大使孟宏當機立斷，在第一時間派遣人員經由陸路前來海地探視並傳遞消息，同時租得專機飛來海地。第四，他們在沒有通訊的情況下，能夠找到吳家園餐廳。第五，大使館的司機，及時在醫院找到我們。這整個過程環環相扣，順利銜接。事後回想真是驚險萬分。

我的感想是：經歷了這次災難，自己還能夠活著走回來，真是上天保佑，不幸中的萬幸。

而我的實際經歷告訴我，如果遭逢地震，務必要保持冷靜立即反應。如果身在平房或透天厝，可以嘗試趕快跑到室外。但如果身在樓房，千萬不要嘗試跑到室外，因為一切都發生得太快，如果房屋坍塌，根本來不及。在此種情形下，

最好的方式是搬張椅子坐在冰箱旁邊。因為萬一被坍塌的瓦礫困住，坐姿最能持久。同時冰箱最為堅固，可以抵擋坍塌的瓦礫。

2010年8月12日

海地地震後七個月寫於台北

地震相關新聞報導。

█ 遇險十年話海地

　　《風傳媒》於 1 月 13 日，以「海地大地震 10 週年：從滿懷希望重建到只剩絕望」為標題，報導我友邦海地地震後重建困難。報導指出，海地總統摩依士（Jovenel Moïse）坦言：重建窒礙難行。

閱此報導,使我驀然想起,我在海地遇險已經十年了。經過十年,除了不可逆轉的後遺症與疤痕,我的創傷幾乎悉數消退,但是海地仍然深陷創傷之中。

海地人口大約一千萬。是美洲最貧窮的國家。維基百科記載,海地 2015 年人均年收入 804 美元。我在任時,據說海地失學學齡兒童約有 50 萬人,貧窮程度可想而知。

海地缺乏天然資源,又經常遭遇颶風天災。再加上 1804 年獨立後,政爭不斷,國家建設受阻,始終無法脫離貧困。

2010 年 1 月 12 日的 7 級大地震,重創海地。由於海地戶籍資料不全,難以確切統計人數。據各方估計,傷者不

我國搜救隊前往海地協助救援。

算，單單死亡人數約 25 萬人。維基百科記載，官方收殮了約 15 萬具罹難者遺體，但相信還有 20 萬人埋在廢墟中，這意味著死亡人數可能高達 35 萬。

死傷慘重當然是因為震度強，震央又在都會區附近。但更重要的原因，是建築結構不當。如果住屋是簡陋的草屋、木屋或鐵皮屋，房屋倒塌後，屋內的人可以自行脫困。若是結構堅固的鋼筋混凝土房屋，則能抗震，不至於完全傾塌。偏偏海地大部分房屋是介於此兩者之間：既不能抗震，又不能自行脫困。

災後雖有國際大量援助，但是重建工作極為困難。第一，倒塌房屋造成的瓦礫數量驚人，據說單單清除這些廢物，就需要一年的時間，遑論重建。第二，死傷人數眾多，包括大量公職人員，幾乎癱瘓了政府公務體系的運

我國搜救隊前往海地協助救援。

作。第三，公務設備大量受損，欠缺適當辦公處所，沒有公務器具，幾乎沒有行政效率可言。

　　舉例而言，當時海地外交部大樓夷為平地。外交部倖存人員，零星分散在各地辦公。我去禮賓司洽公，發現全司人員擠在一間小辦公室內，司長沒有自己專用的辦公桌椅，只能隨機找張桌椅批閱公文。全司僅剩一部電腦可供使用。工作同仁必須排隊等候，一天下來，能處理幾件公務呢？

海地民營公車。

海地貧民住宅。

　　再談國際援助。除去口惠實不至的承諾以外，實際到位的金援，在動支上也受到重重限制。援助方要求與海地政府合組動支委員會，人數各半，討論援款動支計畫。但是討論會中，雙方意見不合，相持不下。以至於時間不斷流逝，計畫卻遲遲未獲通過。援款不能動支，工程無法展開，談何重建呢？

　　另一方面，海地內部也有問題。據報導，我國政府同意提供一點五億美元的援助，協助海地整建首都電力系統，卻

因海地國會有意見，經費無法動支。因此 2019 年 7 月，蔡總統訪問海地時，摩依士總統直白地說出，希望台灣能直接投資。

　　海地內部政爭，妨害國家建設。令我想起，台灣曾為亞洲四小龍之首，現在淪落至四小龍之尾，也是因為過去大家忙於政治鬥爭，執政者為了保住政權，只想到急功近利的作

派駐海地的聯合國維和部隊。

為，沒有國家建設長遠的規劃，以至於鄰國不斷進步，我們原地踏步。

附帶一提，蔡總統 2019 年 7 月訪問海地，僅僅停留四個小時，殊欠妥適。嚴格說，是對友邦不尊重。即使是臨時加入的行程，至少應停留一夜，以示誠意及尊重。僅以行程緊湊為由，來去匆匆，並不能服人。對照蔡總統在其他友邦與美國的停留時間，海地人民作何感想？

若以安全顧慮為由，則更是羞辱當地政府。海地總統、總理，以及政府各部會首長全都長住海地，他們的安全顧慮呢？友邦元首來訪，地主國政府若不能傾全力提供安全保護，國家顏面何在？

蔡總統如今獲得連任，今後定有機會出訪友邦，千萬不可再犯同樣有違外交禮節的錯誤。

2020.1.18

2008年，中華民國駐海地大使館舉辦國慶活動，作者於台上發言。

臧否時事
——外交、國際及兩岸事務

▌新加坡能，我們能不能？

　　這次九合一選舉後，政府更換幾位內閣部長。令我想起新加坡的例子。

　　以國土面積與人口總數而言，新加坡是標準的小國。但是新加坡的國際形象人人稱道。新加坡政府的廉能及高效率，尤其令人欽佩。新加坡能夠如此，背後有它的道理。

　　我曾在一項國際研討會中，與一位新加坡學者談到此事。他說了一個真實的小故事，令我讚佩不已。

　　他說，李光耀先生擔任新加坡總理時，極為重視人才選拔及培養。他的作法是先私下請各部會推薦年輕有為的中高階公務員，建立名冊。然後會在某一天上午九點鐘，無預警地打電話請其中一位來總理辦公室，跟他一對一談話。沒有預設談話主題，完全是天南地北隨興閒聊，至少談到中午。如果有必要，還共進午餐繼續談，一直談到下午，然後才請他回去。事後總理會請人記錄評語。

　　事實上，總理是在談話過程中，仔細觀察及評量這位官員的資質。包括：性向、興趣、品德、人格特質、價值觀念、氣度、見解、學識等等。經過長時間，而且沒有事先準備的談話之後，這位官員各方面的內涵都表露無遺。

　　如果總理認為此人深具潛力值得栽培，就會在適當時機安排此人去參選民意代表。如果獲選就表示此人確有政治潛力，然後再繼續觀察他在議員任內的表現。如果仍然有傑出表現，等時機成熟，就指派他擔任政府部長或次長。如此一來，這位部長或次長因為經過長期的歷練，既有充分的行政經驗，了解政府機關運作規則及限制，又曾經擔任民意代表，有機會接觸各階層的民眾，深切了解民眾的生活情形及想法。擔任政府機關首長後，才能夠規劃國家及民眾真正需要，而且確實可行的政策，做到真正的為民服務。

　　我不禁自問：我們要不要參考新加坡的作法？然而，在台灣當前的政治生態下，我們能不能做到？

2018.12.3

▌ 不悔與無奈

　　若干年前我在非洲工作，有非洲朋友跟我說：他們以前是法國殖民地，法國人治理得很好，人民衣食無缺，有水有電，市容整潔，首都街道旁的水溝裡還有小魚。但是他們並不高興！他們想要獨立自主。經過一番努力，終於成為獨立自主的民主共和國。但是，獨立之後生活水準不進反退。停水、停電成為家常便飯，市容髒亂，水溝淤塞。

　　有一天，我們派駐當地農技團的一位資深技師跟我講了一段話，我印象深刻。他說 30 年前，他剛加入農技團，被派來這個國家工作。如今再度前來工作，看到的景象跟以前沒什麼不同，顯示這國家 30 年沒有進步。更令人吃驚的是，他記得當初住所附近一所小學教室的玻璃窗破了，這次回來，看到那間教室的玻璃窗還是原狀，30 年來沒有人修繕處理。

　　我也曾多方思考應該如何協助他們逐漸擺脫貧窮，走向

小康社會？後來與一位在當地工作 30 餘年的法國人談到國家發展問題。他說聯合國、歐盟及若干先進國家都大量援助該國，可是 30 年過去了，該國還是依賴外援，自己不能站起來。因為他們沒有人才，不會治國。其重要原因，就是他們沒有重視教育發展，以致國民素質沒有提升。

其次，他們獨立後政爭不斷，經濟計畫有始無終，因為換了政府，就改變計畫，另起爐灶。幾十年過去了，國家發展依舊停留在原點。更嚴重的是，政治人物的所作所為，都是為了私利，根本沒有把國計民生放在第一位。

非洲國家爭得了政治獨立，換來的是生活退步，人民萬般無奈。為什麼會這樣？因為自己不會治國。沒有萬全的準備，就貿然追求獨立，結果就是如此。他們並不後悔獨立，因為那是他們自己的選擇。他們只是感到無奈，因為只看得到過去，看不到未來。獨立之後，不悔與無奈一直陪伴著他們。

2018.12.15

▌年底的省思：台灣會好嗎？

每逢年底，總該回首過去，想想未來。

1964 年合眾唱片公司出了一張美黛專輯《台灣好》，第一首歌就是〈台灣好〉。那是林禮涵作曲，羅家倫作詞的一首愛國歌曲。歌詞如下：

> 台灣好　台灣好　台灣真是個復興島
>
> 愛國英雄　英勇志士　都投到她的懷抱
>
> ……
>
> 我們快要打回大陸來了　回來了
>
> 快要回來了

這首歌有它的時代背景，當時大家傳唱，覺得理直氣壯。因為台灣在那個年代經濟起飛，國民所得毛額（GNI）平均以每年 15% 的速度成長，經濟成長率平均每年達 9.1%。

外國人稱為經濟奇蹟，我們信心十足。

1980 年我去法國進修，班上同學人人稱讚台灣，因為台灣位居亞洲四小龍之首。身為外交人員，我因自己國家的成就而感到自豪。

然而，過去這些年，大陸經過「改革開放，韜光養晦」，在 2010 年成為世界第二大經濟體，贏得了「和平崛起」的稱號。我們在做些什麼？我們在「戒急用忍，政黨惡鬥」。民粹當道，政治人物缺乏遠見，沒有擔當的結果，使台灣不斷向下沉淪。現在非但是亞洲四小龍之末，甚至要被淘汰出局。

《天下》雜誌創辦人高希均先生曾指出：「戒急用忍」，助長了：（一）企業家缺乏巨額投資、大量研發、長期發展的格局與策略。（二）政府的產業發展策略，不選西進，選南向；缺少大布局，也少執行力，更受制於經費及人才之不足，遭遇各種瓶頸。（三）大陸經濟躍升到世界第二，兩岸關係之惡化，無法水漲船高，區域經濟之不確定，又壓縮了台灣產業轉型。

可是我們國家的領導階層，提不出有利國家長遠發展的

策略及計畫，到今天卻還在為個人政治前途算計。

政黨輪替是民主現象。但是政治，甚至經濟政策也跟著輪替，結果就是：時間流逝，逆水行舟，不進則退。在目前極度競爭的國際社會，別人會等我們嗎？

我們已經浪費了好幾個四年，當下必須立刻痛定思痛，選出真正為國為民，有能有才的執政者，全體國人團結齊心，急起直追。

比對兩岸現狀，對岸確實不夠民主，也踐踏人權。但是整體建設不斷精進，科技發展日新月異。當年我們唱〈台灣好〉，中共聽了不是滋味。可是，如果我們還繼續「維持現狀」，不能立刻覺醒，痛改前非，只怕不久就輪到對岸說台灣同胞在哀號求救！

2018.12.26

▌ 我們的政治菁英在哪裡？

民主社會中，選民每人一票，每票等值。但由於民眾易受情緒影響，也有盲從現象，因此多數選票形成的民意，未必是正確的選擇，甚至有害國家社會長遠發展。英國脫歐公投就是活生生的例子。因此，民主社會更需要菁英政治，需要真正的政治菁英來領導國家發展。

政黨及政治領袖有責任長期培養人才，使國家得以永續發展。我曾撰文說明李光耀先生擔任新加坡總理時，如何選拔及培養人才，儲備政治菁英。政治菁英必須具備高尚的品德以及卓越的領導才能，對於國家發展具有遠見，尤其要能公而忘私。

古代上有明君，下有忠臣，再加上法家拂士，於是政治清明，國泰民安。政治領袖應以國事為念，個人榮辱及私利次之又次之。政治領袖要如范仲淹所言：先天下之憂而憂。時時關注國內外情勢發展，掌握先機。

新年期間，我們的政治人物卻忙於拜廟、發紅包。美其名曰「接地氣」，然未與民眾交談，傾聽心聲，何來地氣？表面上以國家興亡為己任，內心卻以個人政治利益為算計，心中想著未來的總統及立委選舉。

水能載舟，亦能覆舟。政治能為民謀福，也能陷人民於水火。政治領袖可以為人民帶來活水，也可以成為國家的禍水。如果以享受權力的滋味為目標，一味貪圖社會資源，欺騙選民只求勝選，則必然成為禍水。

有政治人物公然表示：競選政見不必兌現。也有人說：若敗選則退出政壇。事後卻船過水無痕。於是上行下效，有樣學樣，社會風氣大受影響。過去是「尊嚴殊可貴，誠信價更高」，現在則是「若為勝選計，一切皆可拋」。

現代政治人物，藉民主政治之名，卻以私慾為先。心中只有一黨之私，一己之私。一旦勝選，則為所欲為。即使民調低落不堪，人民卻無可奈何。我們已是民主法治國家，既不能政變，也難以罷免。只能任其「由你玩四年」！長此以往，輕則浪費民脂民膏，重則導致國家衰敗。

更令人憂慮者在於，我們產生政治領袖的方式是「時勢

造英雄」，尤其是網路英雄。雖然提不出國家發展願景，也沒有具體政策，只要能夠操弄民粹，即有眾人呼應叫好。走險棋，操民粹的後果，令人想起滿清末年的「義和團」事件，吾等愛台保台者能不憂心嗎？

2019.2.18

▎民主政治的盲點

　　20 世紀以來，民主政治蔚為風氣，接連出現了數波的民主化浪潮，第二次世界大戰後，越來越多國家接受了民主制度。然而經過長期的實證，政治學者認為現代民主政治並非完美，只是目前沒有更好的替代方案。

　　舉例而言，最具民主意涵的普選制度本意良善，但若政黨及政治人物為了贏得選舉，無所不用其極，選前用美好的口號當作競選政見，選後卻船過水無痕。執政者利用短期利益的政策變相買票，在野者則尋找機會鼓動民眾抗議示威，雙方皆不顧構成人類文明的倫理道德，把人性的弱點當成政治工具，於是嚴重扭曲了民主政治的本意。

　　政治掛帥的結果，使得經濟、社會、文化發展都成為次要，甚至淪為政治的工具。更嚴重是，在民主政治下，號稱行政、立法、司法三權分立。然當行政權與立法權由同一政黨掌控時，行政機關往往憑藉黨意，逼迫立法機關放棄監督

與制衡者的角色。倘若政府施政偏離，甚至違背多數民意託付，人民卻無計可施。

政府在心態與作法上均有可議之處，說不出合情合理又能服眾的理由，卻一意孤行，反正批評者「能奈我何？」於是言者諄諄，聽者藐藐。吠犬只能眼睜睜地任由火車繼續為所欲為，直到下次選舉改朝換代。然此期間，社會對立加深，公帑浪費無數，執政者對國家社會已經造成難以彌補的傷害。

歐洲在 18 世紀下半，出現一種政治思潮，認為「以世襲專制及法律來進行統治的政府，是最好的政府」。此即所謂「開明專制」。梁啟超把專制政體分為野蠻專制和開明專制兩種，認為「凡專制者，以所專制之主體的利益為標準，謂之野蠻專制；以所專制之客體利益為標準，謂之開明專制」。今昔對照，台灣現在的民主政治其實更像野蠻專制。

此外，由於政黨競爭，壁壘分明，使得國家人才發揮所長的機會大為縮減。屬於右派的人才不為左派所用，反之亦然。

孟子曰：「左右皆曰賢，未可也；諸大夫皆曰賢，未

可也；國人皆曰賢，然後察之，見賢焉，然後用之。左右皆
曰不可，勿聽；諸大夫皆曰不可，勿聽；國人皆曰不可，然
後察之，見不可焉，然後去之。」孟子若見今日現象，不知
做何感想？

　　在兩黨甚至多黨政治下的民主政體，如果缺乏大公無
私、具有真知灼見的政治領袖，以及理性冷靜的選民，民主
政治的盲點終將成為國家社會進步的阻礙。

　　我們不應在民主的道上走回頭路，但也不能任由扭曲的
民主政治侵蝕前人辛勤厚植的國本。如何將民主政治去蕪存
菁，截長補短，導入正途，是政治學者以及有識之士應該嚴
肅面對，深入思考的課題。

2019.3.26

▌ 五四百年的省思

今天是五月四日，正好是五四運動一百週年，一百年是一個世紀。百年前的重大事件，值得回顧、紀念及省思。

五四運動是民國八年五月四日，北京年輕學生發動的大規模示威遊行，抗議北洋政府軟弱無能、喪權辱國，在巴黎和會中，聽任列強將德國在山東的權益轉讓予日本。

這項運動緊接著也演化成「全盤西化」的新文化運動，鼓吹「德先生」（民主）與「賽先生」（科學）。意圖將歐美理論應用於中國政治經濟與文化生活。

當時的理想與目標，是使中國掙脫桎梏，脫胎換骨，成為一個現代化的國家。百年後的中國情況如何呢？

大陸與台灣分成兩個截然不同的政治實體。兩岸皆有現代化的硬體建設，但是人文素養呢？

中國大陸有「賽先生」，但是沒有「德先生」。不知何年何月才能實現真正的現代化。習近平有「中國夢」，但是

沒有民主自由，能否成為五四精神的傳承者呢？

　　台灣固然有「德先生」，但是空有形式，沒有精髓。選舉文化低落，選不出真正大公無私、有風骨、有遠見、有膽識的政治家。政治生態與官場文化充斥阿諛奉承的現象。

　　台灣早年吃苦耐勞的一代，已逐漸淡出社會。當前社會主幹中，雖有力爭上游、懷抱理想者，卻不乏僅存「小確幸」心態的年輕族群。與當年的五四青年相比，高下立判。不僅如此，台灣還有統獨爭議。五四運動在台灣的意義，也因此被質疑。

　　五四後第一個百年情況如此，兩岸自認是中國人者，均堪稱愧對先賢。鑑往卻難以知來，五四後第二個百年，又將是何種局面呢？

2019.5.4

▌ 歐盟給我們的啟示

今天是 5 月 9 日，也是「歐洲日」。對歐洲人而言，是個極為重要的日子。

1950 年 5 月 9 日，法國外長舒曼（Robert Schuman）在巴黎發表「舒曼宣言」，建議成立「歐洲煤鋼共同體」。宣言第一句話就是：「沒有做出建設性的努力，世界和平無法獲得保障。」

舒曼宣言是歐洲統合運動的肇始，然後逐步形成今日的歐盟，歐洲人因此訂 5 月 9 日為「歐洲日」，紀念歐盟的誕生。

過去數百年，歐洲經歷了無數的大小戰爭。直到二戰結束，歐洲人才痛定思痛，深自覺醒，展開了歐洲統合運動，以善意化解敵意，以協商取代爭議，以合作消除對抗。經過了煤鋼共同體、經濟共同體、貨幣聯盟，邁向歐元單一貨幣，以及共同疆界，締造了世人欽羨的非凡成就。

　　但是歐盟最大的成就並不在此。歐盟最偉大的成就，在於「和平」。長久，甚至永久的和平。基於理性的溝通協商，以及制度性的規範，歐盟境內已經不可能再發生戰爭。即使英國脫歐，也不會引起戰爭。

　　在歐盟的發展過程中，也曾遭遇會員國意見分歧對立的瓶頸，但是歐盟決不放棄溝通協商，總是設法找出折衷方案。這就是「歐盟精神」。因為強硬對抗，不能解決問題；正面開戰，也不是解決問題的唯一途徑，更不是最佳方式。

　　戰爭帶給人們的傷害與痛苦，永遠無法磨滅、無法彌補。真正的和平，植基於各方放下敵意，坦誠協商，尋求共識。如今歐盟已經運作成熟，成員國之間不可能再次發生戰爭。歐盟將內部戰爭的可能性降到最低，確保永久的和平。這可以說是人類文明有史以來最偉大的成就，值得全人類效法。

2019.5.9

▌ 台灣靠什麼立足國際？

　　中共占據大陸後隨即與我們展開邦交爭奪戰，導致歐洲主要國家紛紛與我斷交，我們的大使館被迫關閉，館員也被強制驅離。尤其是 1971 年喪失聯合國代表權之後，我們的國際空間遭到更大的擠壓。

　　不過由於台灣經濟實力持續增強，歐洲國家感到仍有必要與我政府建立聯繫管道，於是同意我在該國設立代表處。但是種種限制，令人不堪回首。

　　首先是代表處地位。我們的代表處必須以當地民間社團的名義設立，向內政部登記，並且逐年提出活動報告。社團負責人必須為該國國民，我們派駐的代表，只能擔任會員。同時我們派駐的總人數也有限制。

　　其次是名稱。由於是當地民間社團，名稱也受限制。例如駐英國代表處叫做「自由中國中心」，駐法國代表處叫做「法華貿易觀光促進會」，駐德國代表處叫做「遠東新聞中

心」，駐比利時代表處叫做「孫逸仙文化中心」。不僅如此，我們代表處跟國內機關聯繫時，還不能用正式機關名稱。因此，外交部化名為「遠東貿易總公司」，經濟部化名為「金甫發」。

第三是工作限制。我們派駐當地外交人員，必須隱瞞真實身分。代表處無權製發旅外國人護照，必須假借台北外交部名義，由駐處領務祕書用化名簽署。代表處也不能核發外國人來台簽證，必須製發「簽證介紹函」，用訂書針釘在外國人護照上，持憑登機來台。

這就是我們邦交戰失敗，在無邦交國必須忍受的屈辱。

前述種種不正常現象後來已經逐步獲得改善。代表處目前已經可以直接核發旅外國人護照、文件證明，以及外國人來台簽證。

為什麼各國願意與我建立實質關係，並且逐步強化？因為我們經貿實力強勁，與世界主要國家往來密切，獲得各國高度重視。

當年政府訂定政策方向，扶持民間企業，提供良好環境，使中小企業蓬勃發展。高雄及楠梓加工出口區的設立，使台

灣經濟起飛。新竹科學工業園區的設立，更將台灣工業實力向上提升，使台灣在國際經貿體系中占有一席之地。若干年前，美國時代雜誌刊出封面文章〈Why Taiwan Matters?〉細數台灣的強項，顯示台灣在世界上具有舉足輕重的地位。這些都是民間企業的功勞。

但是最近這些年，政府嚴重失職，沒有掌握全球經濟發展趨勢，一切以政治考量為主。政治掛帥的結果，使台灣經濟發展停滯。幸虧台灣的民間企業，自立自強，努力研發創新，主動開拓國際市場，暫時還能為台灣撐住局面。

值得憂慮的是，我們無法加入目前由日本主導的《跨太平洋夥伴全面進步協定》（CPTPP）。政府推出的新南向政策，也無法使我們加入包括東協十國的《區域全面經濟夥伴關係協定》（RCEP）。蔡總統就任後，台灣一直無法與重要貿易國家簽署雙邊 FTA，對台灣產品出口極為不利，甚至可能在世界經貿體系中被邊緣化。

當今之計，唯有喚醒政治領袖，拋開個人權力慾望與私心，摒棄政治算計，帶領國人齊心協力拼經濟。執政者要敞開心胸，廣徵良方，與民間企業以及在野黨共商大計，擬定

經濟發展策略。國人也要睜大眼睛，選出真正大公無私，以
發展國計民生為己任，並有治國能力的領袖，才能確保台灣
繼續於國際社會享有立足之地。

2019.5.28

被政爭耽誤的國家競爭力

在 2019 年的台灣，我們有民主、自由、人權。但是有種普遍的現象，如果不能扭轉，台灣的前途令人擔憂！

若干年前，有位在美國教書的台灣教授告訴我一個真實故事。學期終了每位學生要交一篇報告，當作學期成績。有位台灣學生報告不盡理想，教授告訴他這篇報告只能得 C，建議他再做修改，同時提示如何修正，如此就可以得 B。這位學生回答：我不想修改，C 就可以了。

回到台灣，也有一位大學教師告訴我，他曾在後段大學任教。大班上課時，前排學生滑手機，中排學生睡覺，後排學生談笑風生。聲音太大時，會有人提醒不要吵到中排睡覺的同學。

我退休前曾受邀去大學演講，介紹我國外交現況。事前充分準備，理論與實務兼具，並且在投影片中，穿插若干圖片。開講十分鐘後，有同學開始滑手機，有的打瞌睡。講完

後無人提問，急著離開教室。

　　事後我自責萬分，認為演講內容太枯燥，不能引起同學的興趣。但是幾天後，又受邀去台北師大講同樣的題目。結果全場無人睡覺，反應熱烈，講完後提問踴躍。

　　為什麼兩場內容相同的演講，反應卻是天壤之別？百思不得其解後，請教一位大學教師。他說關鍵在於學生的心態不同，也就是自我期許不同。我說：即使學生對我國外交沒有興趣，覺得事不關己。但既然身在教室不能離開，姑且聽聽，就當作聽故事，同時增加一些常識。尤其是大家說台灣年輕人欠缺國際觀，藉此機會提升國際觀，何樂而不為呢？他苦笑著說：至少他們自主性很強。

　　台灣曾經是亞洲四小龍之首。但是最近這些年，我們把時間、精神用在政治鬥爭，歧異的國家認同不斷撕裂社會，統獨之爭，使台灣失去了早年的團結及奮鬥精神，導致經濟發展停滯不前。

　　政治系在大學裡並不是熱門科系，但是大學生卻對政治興致勃勃。太陽花學運期間動員了多少學生？香港「反送中」運動又有多少台灣大學生熱烈回應？

瑞士洛桑管理學院公布的 2019 年「IMD 世界競爭力排名」，台灣在總體表現排名 16，比去年上升 1 名，但較過去的 14 退步 2 名。中國大陸則排名 14 名，仍然超越台灣。

雖然退步，但台灣畢竟還有相當的競爭力。尤其是評比項目中的「企業效能」進步幅度最大，從 20 名上升至 14 名。台灣的民間企業，自立自強，努力研發創新，主動開拓國際市場，為國家撐住局面。

目前政府部門與民間企業的骨幹，未來將紛紛交棒。令人擔憂的是下一代有能力接班嗎？即使台灣仍有眾多年輕族群資質優良，奮力向上，但是在少子化以及人才不斷外流的雙重影響下，我們有足夠的人才支撐國家整體發展嗎？

有這麼多年輕人表現令人擔心，我們確實需要深自檢討，如何在家庭教育、學校教育以及社會教育上著手改進，確保我國競爭力止跌停損。

2019.7.18

▎台灣地位未定，論述矛盾嗎？

據報載，8 月啟用的新編高中歷史課綱，明白提出「台灣地位未定論」。

主張「台灣地位未定論」者提出的理由有三：第一，《開羅宣言》和《波茨坦公告》雖然主張日本應將台澎歸還中國，但兩項文件並非正式條約，僅係意向聲明；第二，美國總統杜魯門在 1950 年韓戰爆發時，宣稱台灣地位未定；第三，1952 年簽訂的《中日和約》中，日本只宣布放棄台澎主權，但並未說明將台澎主權移交給誰。

因此，按照前述三項理由，國人應該可以確定台灣地位「未定」。而且台灣的主權歸屬問題，也還沒有解決。

然而綜觀時下相關言論，卻發現有若干疑點，或相互矛盾之處。

論者認為 1952 年簽訂的《中日和約》，並未說明將台澎主權移交給誰。因此可以斷定台灣的主權歸屬問題，迄今

未獲解決。但是賴清德既然說：「我們台灣已經是一個主權獨立的國家」，就表示台灣的主權，已經歸屬於蔡總統所稱的「這個國家」。由此觀之，「台灣地位未定」與台灣主權屬於「這個國家」，兩者是否相互矛盾？

如前所述，既然台灣的主權歸屬問題，已經獲得解決，屬於住在台灣的兩千三百萬人，賴清德就應該進一步說明此一問題是何時解決的？如何解決的？有沒有獲得日本證實？有沒有得到國際承認？

相反的，課綱如果認定台灣地位還是未定，那麼，是否應該進一步告訴我們，要不要立刻加以確定？由誰來確定？何時確定？如何確定呢？

在當前的國際現實中，「台灣地位未定論」，並不能改變台灣的現狀，也無法獲得中共認同，更不會會放棄「和統」甚至「武統」。獨派人士極力強調「台灣地位未定論」，又能怎樣？

2019.8.8

▌選擇和平 何須天佑台灣

　　行政院前院長賴清德在登記參加民進黨總統初選時，曾發表宣言，表示願意承擔責任，因為他深刻感受到民進黨的處境，仍然極其艱辛，尤其面對中國領導人習近平不斷逼迫台灣，台灣處境更加險峻。

　　賴清德強調，2020 年民進黨若敗選，不只是民進黨失去政權，台灣的主權與民主一定會遭到空前的挑戰跟危機。言下之意，民進黨若敗選，台灣終將被中共「和統」。

　　在宣言結尾，賴清德說：「天佑台灣。」

　　網路媒體不久前刊出一篇讀者投書，大意是蔡總統執政後治國無方，施政荒腔走板。另一方面，小英一再「仇中嗆中」，使兩岸敵意升高，可能引發正面衝突。然而，小英民調卻相對穩定，顯示「英粉」堅定不移，小英連任有望。

　　作者因此憂心不已，衷心期盼台灣選民能認清事實，在2020 年慎選新任總統。這篇投書最後竟然也同樣是「天佑

台灣」四個字！言下之意，小英若連任，繼續推動台獨，台灣終將被中共「武統」。

藍、綠人士同樣說出「天佑台灣」，是一個很奇特的現象，恐怕都不是祝福之語。其中隱含的意義，應該可以解讀為憂國憂民的有識之士，擔心台灣即將掉入深淵，自己卻已經無法挽救，只能乞求老天出手相救。

綠營人士擔心的是「和統」；藍營人士擔心的是「武統」。

「武統」代表兩岸撕破臉，中共對台灣絕望，善意全無，兵戎相見。因此統一之後，已經沒有必要實施「一國兩制」。

然而「和統」則是仍然尊重台灣人民的意願，兩岸一家親。最重要的是，台灣人民對將來的生活方式，仍有充分的話語權。台灣與香港有天壤之別，絕對不會「今日香港、明日台灣」，兩岸可以尋求彼此都能接受的和平相處之道。

台灣人民無論願意或不願意，都必須認清一項殘酷的事實：就是維持現狀能撐多久難以預料，但是台灣前途絕不可能由台灣人民「單方面」決定，終究還是要面對中共。協商或是硬拼，卻可以由台灣人民選擇。

　　事實上，2020年總統大選的一切後果皆將由台灣人民自己承擔。選舉結果必然影響台灣未來走向。如果選民決定繼續走向台獨，等於選擇「武統」。相反的，如果選民選擇和平，何須「天佑台灣」呢？

2019.8.16

▍我們與落後國家的距離有多遠？

我退休前曾赴若干落後國家參訪，當地人民生活困苦，許多人家沒有自來水、沒有電，居住環境惡劣。

我也曾多方思考他們為什麼落後？後來發現這些國家幾乎都受到天、地、人三方面因素的影響。

第一、氣候不佳。夏天酷熱，年雨量有限，又欠缺水土保持工作。

第二、土地貧瘠。農業發展受到品種、肥料、灌溉，以及蟲害等等限制，糧食生產不足，必須仰賴進口。同時缺乏森林、礦物等天然資源，難以賺取外匯。

第三、民族性形成的觀念不利於現代化。當地人民樂觀隨性，沒有現代社會講求的觀念。例如：不守時、不守信、不精確、不在乎、不節約、不儲蓄。絕大部分的人民得過且過，國家因此難以進步。

這三者中，影響國家發展最關鍵的因素是「人」。因為

天候以及土地固然構成障礙，但若人有智慧與決心，還是能夠克服困難，找到出路。可是這些國家每年接受聯合國、歐盟及若干先進國家大量援助，時至今日，仍然依賴外援，自己不能站起來。其中一項重要的原因，是他們沒有重視教育發展，國民素質沒有提升。自己沒有人才，不會治國，當然無法自立自強。

更甚者，這些國家政爭不斷，經濟計畫有始無終。換了政府，就改變計畫，另起爐灶。幾十年過去了，國家發展依舊停留在原點。最嚴重的是，政治人物的所作所為，都是以私利為先，根本沒有把國家長遠發展放在第一位。

若干年後我回到國內，驀然發現台灣已經淪為亞洲四小龍之末，並且看到若干與落後國家相似的現象。

台灣天候與土地雖然不像那些國家這般艱困，但是同樣缺乏天然資源。然而最大的差別是「人」不一樣。早年我們就是靠「人」創造了經濟奇蹟。政府有大公無私、高瞻遠矚的領導者，民間有不談政治，努力拼經濟的執行者，於是把台灣提升為四小龍之首。

可嘆的是，最近這些年，也是在台灣的「人」把台灣

拖垮。政壇出現太多只顧私利，不計國家長遠發展的政治人物。為了勝選，惡意攻訐、抹黑。選民卻一再容忍政客操弄選舉。意識形態也蒙蔽了理性的雙眼。大家熱衷政治，卻忽略了經濟才是國家發展的基本功。

我們如果不能藉選舉，找回早年的「那種人」，趕走近年的「這種人」，台灣距離「落後國家」還有多遠？

2019.8.26

▍斷交的檢討與教訓

　　邦交國索羅門群島與吉里巴斯先後與我斷交。尤其是索國事先放話，並不顧美、澳強力勸阻，仍然決定與中共建交。外傳中共以五億美元使索國轉向，蔡英文總統一如既往，指責中共用銀彈搶我邦交國，然本案顯非如此單純。

　　美、澳兩國不樂見索國與中共建交，是為了避免中共勢力伸入南太，破壞美國「印太戰略」。既然索國對於美、澳有如此高戰略價值，我國也極力護盤，為何美、澳不能與我聯手，共同出資六億美元打敗中共呢？可見此事並非援助金額問題。

　　對於邦交國的動向，我們不能一廂情願，必須從邦交國的角度思考，設身處地想想他們為何要轉向？

　　國家執政者最關注的事項，除了國家發展與民生樂利，必然是其個人權力地位。因此，當我們邦交國執政者地位穩固時，我們的邦交相對穩固。但若執政者因為與我維持邦交

而權力地位受到威脅時，則必然動搖。

索國選擇中共，是基於中共為世界第二大經濟體，同時也是聯合國安理會常任理事，無論在國際貿易，或者國際政治都舉足輕重。正如索國總理蘇嘉瓦瑞（Manasseh Sogavare）所稱：中國可援助索國，且可抗衡澳洲，將是較好的外交夥伴。

再者，美、澳等國家提供外援，通常都有附帶條件，例如受援國必須進行結構性改革等。中共提供外援，則幾乎沒有條件，且配合受援國需求，因此受到當地政府高度歡迎。蘇嘉瓦瑞言：中國可援助索國，不須看澳洲臉色，充分顯露內心的思維。

此外，多數開發中國家與歐美國家間，基於種族、文化、歷史因素，心理上有一道無形鴻溝。相反地，開發中國家與中共間沒有隔閡，彼此互信。開發中國家與美、澳等國正常交往時，並無問題。但若彼此有矛盾，選擇中共應屬自然。

索國與吉里巴斯與我斷交，影響深遠。

第一、此為美國首次公然介入兩岸邦交戰。兩國決定與中共建交，顯示美、澳直接介入沒有實際效果，同時驗證「聯

美抗中」策略，對我外交毫無助益，反助長中共的信心與氣勢。

第二、蔡總統執政至今已失七個邦交國，顯示我政府力不從心，在外交上競爭力大不如前，恐有損我在其他邦交國中形象及地位。

第三、在多方勢力介入較勁下，索國最終決定選擇中共，等同向我其他邦交國明示，索國在經透明、公開、理性、全盤考量後，認為在目前國際環境及未來發展下，選擇與大陸建交符合該國長遠利益。索國轉向，恐對其他邦交國之外交考量產生重大影響。

我國國情特殊，外交工作避不開兩岸關係。在兩岸外交休兵時期，我國、中國大陸、我邦交國，大家可以相安無事。蔡總統 2016 年執政後，兩岸交惡，外交戰火再起，結果大家有目共睹。

索國與吉里巴斯斷交，帶給我方最大教訓，就是政府必須立刻止血，千萬不可再讓其他邦交國繼續玩「二選一」賽局。

2019.9.20

▍零邦交怎麼辦？

索羅門群島 9 月 16 日決定與我斷交，中共《環球時報》以「索羅門群島與台斷交是大勢的折射」為題發表社評。直接指出，台灣還將繼續失去現有的邦交國，直至可能落到「零邦交」的境地。

台灣有網友說：「零邦交，可以省很多錢。」有人表示：「零邦交，我們還是過得很好的。」甚至有人說：「零邦交，可以用台灣名義建交。」但是事關國家國際地位，不宜輕率，也不宜意氣用事。

我國是否可能「零邦交」？如果「零邦交」會怎樣？

有學者認為，「台灣的邦交國降至零的可能性不大，因為位於加勒比海及中美洲的友邦，都與美國關係緊密，從世界格局來看，美中對抗，台灣作為槓桿力量，美國也不會讓台灣『零邦交國』的情形發生」。此種論述似有待商榷。

第一、美國要阻止我們的邦交國轉向，首先應解決一個

邏輯上的疑問：美國自己早已與中共建交，並與我國斷交，如果有邦交國準備轉向中共，美國要用什麼說詞及理由來勸阻？

第二、我們必須認清左右邦交國外交動向的關鍵因素，包括：邦交國最想要什麼？誰能提供所需？

無可諱言，我們的邦交國除教廷以外，都需要外援。美國與中共都可以提供外援，但是美國援助通常有附帶條件。中共提供外援，幾乎沒有任何條件，且能配合受援國的需求。當美、中在外援方面較勁時，邦交國必然選擇中共。

第三、這些國家雖然為中小型國家，但都是主權獨立的國家，也是聯合國成員。他們即使與美國關係密切，也不是完全聽命於美國。當他們認為與中共建交最符合國家利益時，仍然可以自主決定。

美國基於自身戰略利益及安全考量，極力防堵中共勢力擴張，因此想要阻止我們邦交國轉向中共。但是這些國家並不認為與中共建交，對其國家安全構成威脅。他們的主要考量與美國不同，還是以自身利益為重。

從實際案例來看，巴拿馬、多明尼加、薩爾瓦多都位於

中美洲及加勒比海，尤其巴拿馬控制連結太平洋與大西洋的巴拿馬運河，戰略地位何等重要，美國卻無法阻止巴國與我斷交，證明美國無法「管控」我邦交國的動向。

如果我們真的「零邦交」，就表示國際上沒有任何一個國家承認中華民國。

我們的邦交國全部斷光，是一個假設性的情況。後果如何？現在無法斷定，但是可以試作初步分析。

首先，以台灣名義與其他國家建交，完全不可能。因為「台灣」是地名，不是一個國家的名稱。世界上也沒有「台灣共和國」。更重要的是，中共的一個中國原則十分清楚：「世界上只有一個中國；中華人民共和國政府是代表全中國的唯一合法政府；台灣是中國領土不可分割的一部分」。與中華人民共和國建交的國家，均承認或者尊重中共此項主張與立場。因此他們不可能與「台灣」建交。

其次，一個自稱主權獨立的國家，卻得不到任何其他國家外交承認，目前世界上只有一個例子，就是東非的索馬利蘭（Somaliland）。目前國際間均認同索馬利蘭是索馬利亞的一部分，索馬利蘭只是靠著某些國家，包括英國、衣索比

亞、比利時、迦納、南非及瑞典，利用「模糊空間」提供協助，以一個「獨立政治實體」存在。換句話說，索馬利蘭是依靠別人存活。

第三，有人說零邦交又如何？反正有 165 個國家或地區給我們免簽證，到時候台灣人還不是全世界趴趴走。但是，免簽是適用於「中華民國」護照，當國際上沒有任何一個國家承認中華民國的時候，中華民國護照是否繼續有效？目前也難以斷定。

尤其是目前聯合國及其附屬機構，已經拒絕持中華民國護照者進入，必須持用中共核發的台胞證才獲許可。如果國際上沒有任何一個國家承認中華民國，中共可能強力要求其他國家，嚴格遵守他們與中共建交時承認的一個中國政策，如果這些國家被迫改變對台灣的作法，結果將對我國人極為不利。

第四，我們現在跟世界主要國家都沒有外交關係，仍然可以跟他們往來，發展實質關係。這是因為美、日、英、法、德等大國，基於台灣的經濟實力，讓他們有利可圖，故而採取模糊空間的作法。他們不承認中華民國，卻在實質上「默

認」我們是一個政治實體。

　　換句話說，他們要如何對待我們，完全由他們決定，我們只能用經濟實力作籌碼。當沒有任何國家承認我們是一個主權獨立的國家，而台灣經濟又逐步衰退時，這些大國是否仍然願意沿用模糊空間的作法，還難以斷定。

　　總而言之，零邦交對我們只會有害，不會有利。但願我們不會走到那一步。

2019.9.21

▌建交斷交，外交知多少？

　　我邦交國索羅門群島與吉里巴斯，在五天內相繼與我斷交，引起國人關注。《風傳媒》就此事徵詢讀者看法，結果共有 1579 人表達意見，其中有 30.72% 的人認為「又少了國際上支持的力量，很遺憾」；64.72% 的人認為「減少金援支出，是好事」。

　　另有網友認為，如果邦交國對我們沒有實質的幫助，不要也罷！花大錢買沒有實質幫助的國家，更不要。

　　此一現象令人憂慮，充分顯示我國外交的特殊境況，已經導致國人對維繫邦交產生此種觀念。我在外交部工作 35 年，曾奉派駐邦交國，也曾在無邦交國工作。願據親身經驗，就若干事實，提出說明。

　　第一、維繫邦交是正常作為，也有必要。

　　一個主權獨立的國家，與其他主權國家或政府間國際組織交往互動，建立外交關係，是國際間的常態。北韓因為發

展核武，遭到國際經濟制裁，但也與 165 個國家及國際組織有外交關係。平時極少上國際版面的寮國，也有 139 個邦交國，並在其中在 25 個國家設有大使館。我國目前只有 15 個邦交國，是極為特殊的例子。

在無邦交國，我國外交人員沒有正式地位，見不到駐在國外交部長，更遑論總理或總統。我駐外人員只能與該國政府中、低階官員互動，過去有些國家甚至要求不得在公共場合會面。

與我無邦交國家大使館舉辦國慶酒會，廣邀各國外交人員參加，但是不邀我國人員。我們代表處門口，不能懸掛國旗。以上種種，完全無法彰顯我們國家主權及地位。

只有在邦交國的大使館，才能看到我們的國旗飄揚。若我們沒有邦交國，總統將被困在國內無法出訪，也不會有其他國家高層官員來訪，難以顯示我們是一個主權獨立的國家。

第二、提供援助是國際責任。

一般國家的邦交國為數甚多，其中包括大國與小國、窮國與富國。比較先進或富有的國家，向相對貧窮落後的國家

提供援助，是極為普遍的現象，也是一種國際責任。

　　國際經濟合作發展組織（OCED），早已要求先進國家，每年提供 GDP 的 0.7%，用於援助落後國家。日本幫助索羅門群島建造橋梁與鋪設水泥道路，韓國民間組織提供環境教育教材，都是實例。他們花錢，並不是「買邦交」。

　　我國在早期每年接受大約一億美元的外來援助。現在我們提供友邦援助，也算是善盡國際責任。同時我國援外金額約僅占我國 GDP 的 0.14% 上下，並不算是「花大錢」。

　　事實上，我國歷年給予邦交國的援助，當地人民都點滴在心頭，無不心存感激。

　　《風傳媒》9 月 25 日引述 BBC 中文網報導，台灣醫生郭欣慧連續三年自願參加行動醫療團，到索羅門偏僻鄉村服務。每當台灣行動醫療團來到，在當地都會被視為盛事。大家口耳相傳後，「台灣來的醫療」也變成一種品質保證。

　　她對 BBC 表示，今年前往索羅門行醫時，來到了伊莎貝爾島的一處野外，替一位垂危的老先生看病。當時島上的居民幾乎是全體等她來。在她離去前，許多村民紛紛上來跟她激動握手致謝，原來對家屬而言，一位台灣醫生前來看診

的意義比什麼都更為重要。

這個經歷，也加深她往後還要再去他國偏鄉醫療的決心。她說：我們賺得了一些人心、贏得了一些友情，在南太平洋，我們沒有想像中那麼孤單。

索國與我斷交後，也有許多支持台灣的民眾上街抗議。即使該國政府基於政治考量與我斷交，但是我國過去的援助，仍然長存當地人民心中。

第三、我國國情特殊，與一般國家的外交處境大不相同。我國目前的外交，可以說是一種極不尋常的外交型態。

在邦交國，如果我們婉拒當地政府的請援，就有斷交的風險。相對地，這些國家如果向日本請援，即使遭到拒絕，也不會與日本斷交。這就是兩岸在外交上競逐的結果。斷交與否，跟兩岸關係的緊張或緩和密切相關。因此，在兩岸外交休兵期間，大家能夠把斷交風險降到最低。

過去兩岸在外交上相互競爭，並且相互排斥沒有妥協，使我國無法與先進國家，例如美國、日本、英國、法國維持外交關係。結果就是我們的邦交國，除了教廷以外，全部都是需要外援的國家，因此使國人產生「維繫邦交，就是花錢

買邦交」的印象。

假設兩岸能夠繼續維持外交休兵，我們就可以與邦交國從容自然地友好互動，提供適當的援助，也獲得邦交國在國際場域的支持。兩國就以互惠互利、相互交流的型態往來。這才是國際間主流的外交關係。

在客觀環境的限制下，使我國外交呈現非常特殊的情境。希望國人能夠認清事實、面對現實，支持政府採取對我國外交最有利的可行之道。

2019.10.5

▍我們從英國、香港事件學到什麼？

　　英國正忙著脫歐，香港忙著反送中，台灣忙著選總統。三者互不相干。值得關注的是，英、港、台是不是都選對了道路呢？

　　2016 年 6 月 23 日英國舉行脫歐公投，結果選民決定退出歐盟。

　　英國選民選擇脫歐，是因為主張脫歐的政治領袖，強調英國退出歐盟後，可以恢復自主權，各項政策可以獨立自主，不再受歐盟規範的約束。但是他們並沒有清楚地告訴選民，脫歐要付出什麼代價。

　　倫敦原是歐洲最重要的國際金融中心，英國脫歐，使得原位於倫敦的歐洲銀行管理局遷往巴黎；群聚於歐盟機構旁的金融業也開始遷移。外資企業包括 Honda、Sony 相繼關閉工廠或將歐洲總部遷到荷蘭；家電製造商 Dyson 將總部遷往新加坡。

　　媒體報導，自 2016 年 6 月脫歐公投以來，英鎊兌美元已經下跌 10%，創下了 1985 年以來的新低。英國年生產總值從脫歐前的 2.9 兆美元下滑至 2018 年的 2.6 兆美元。

　　《紐約時報》也指出，英國金融服務業產值約占經濟產值 12%，超過一百萬人從事金融業。從脫歐公投迄今，光是銀行就轉移了八千億英鎊（約新台幣 33 兆元）到歐陸。但是對英國金融業最大的損失，是失去了優越的聲譽，這種損失難以估計。

　　英國雖然如願脫歐，但是付出極大的代價。

　　香港反送中運動起源於反對修訂《逃犯條例》，結果卻演變成「反中」情緒的發洩。論者分析其中深層原因，認為是香港人在英國殖民時期，雖然沒有民主投票權，但是經濟條件優於大陸，甚至台灣，內心自然產生一種優越感。

　　然而隨著台灣經濟持續發展，政治民主化。大陸又和平崛起，各項建設突飛猛進，使得香港的優勢盡失。昔日的榮光褪去，再加上眾多大陸人進入香港，大幅改變港人過去的地位及生活環境。這項殘酷的事實，造成香港人心理上的不平衡，於是藉機發洩積壓已久的不滿情緒。

　　港人表面上要求中共確實履行「一國兩制」，特首普選，港人治港。但許多香港人既不願意回到過去，同時又對未來感到茫然，有一種不安全感，於是內心深處隱藏著不敢說出口的「港獨」思維。然而他們知道中共不可能讓香港獨立，於是踐踏、塗抹中共國旗國徽，發洩心中的一股怨氣。

　　此種情緒性的行為，破壞了北京與香港間的善意與互信，將來即使香港可以繼續「一國兩制」，也恐怕不會得到北京真誠友善的對待。

　　台灣在有心人士的操弄下，激起年輕人的「亡國感」，使蔡總統民調大幅提升。蔡總統選擇的這條路，將把台灣帶向何方？後果如何？會給台灣帶來幸福或是災難？目前難以預測。唯有在百年後，由歷史來評斷。但是百年後評斷時，當年支持蔡總統的人們，難道不須負任何責任嗎？

　　綜觀歷史，在史實的發展過程中，都會有若干關鍵點，導引著歷史發展的方向。但是當時身處關鍵時刻的人們，往往並不自覺，不知道自己的所作所為，會造成何種後果。2020 年總統大選，對台灣前途而言，將是一個關鍵點。選民將背負影響歷史發展的重責大任。

　　英國、香港、台灣都是試圖擺脫外在勢力對自己的影響、約束、管理甚至控制。此種心態與訴求不難理解，但是在付諸實際行動前，必須先要理性考慮成功機率、慎密規劃行動策略、擬定確實可行的執行步驟與方法，尤其必須衡量利弊得失，以及審慎評估必須付出的代價。

　　英國是民主政治的先驅，經過數百年的歷練，選民仍然因為情緒因素勝過理性判斷，做出脫歐的決定。是否值得？將由後人評斷。英國脫歐公投，以及香港動亂所造成的後果，值得我們深思。

2019.10.17

▌無邦交真的OK嗎？

　　索羅門群島與吉里巴斯，在五天內相繼與我斷交，引起國人對「零邦交」的討論。

　　日前有國際法學者撰文指出：台灣是否為一個國家，和是否有邦交國或邦交國數量多少並沒有太多關聯性。只要對外交往的「能力」不受影響，仍是主權獨立的國家。

　　學者的理論，是否能在外交實踐上獲得印證呢？

　　每年我國國慶，駐外各館處都在當地舉辦國慶酒會。在大使館舉辦的酒會，到場貴賓至少有駐在國的相關部長，甚至外長、總理，充分彰顯我們是主權獨立的國家。

　　但在無邦交國，不會有任何高階政府官員到場。我們的國慶酒會，難以顯示這是一個「國家」的慶祝酒會。

　　1999年，我在安哥拉工作。我們想藉國慶時機，舉辦國慶酒會。但是當地政府不同意我們廣發請帖，舉辦正式國慶酒會。我們只好打電話，邀請對我友好的官員與政要，以

私人餐會的方式慶祝國慶。

若干年前,我在另一個無邦交國工作。9月下旬,我們廣發國慶酒會請帖,包括外交部新任亞洲司長。但是他收到請帖後,立刻來電表示異議。他說:「我們跟台灣沒有外交關係,我們不承認你們是國家,所以你們請帖上不能用『國慶』字眼。」

不能舉辦國慶酒會,或者酒會不能使用「國慶」一詞,我們還算是一個主權獨立的國家嗎?

現階段,我們跟大多數國家沒有邦交,只能在經貿、文化、學術、科技等方面維持實質關係。這種實質關係一旦涉及政治,尤其是觸及「國家主權」,當地政府往往裹足不前。更重要的是,當中共打壓力道加強時,我們在無邦交國家的工作往往一籌莫展。

我們與無邦交國家的實質關係,有的十分密切友好,有的並不理想。但都是基於同一原則:他們與我往來的態度,完全取決於他們的意願,以及是否受到中共的掣肘。

索羅門群島與吉里巴斯相繼與我斷交後,《風傳媒》就此事徵詢讀者看法,結果共有 1579 人表達意見,其中有

30.72% 的人認為：「又少了國際上支持的力量，很遺憾」；但是有 64.72% 的人認為：「減少金援支出，是好事」。

此項民意測驗，充分顯示多數國人並不真切了解有邦交與無邦交的差異。

國際法學者表示，零邦交（或無邦交）造成的是我們與其他國家之間法律關係的變化，只要對外交往的能力不受影響，仍是主權獨立的國家。

證諸實際的外交工作，即使我們「仍是主權獨立的國家」，但在無邦交國家，我們沒有「國家地位」。

目前世界上還有 15 個國家，把我們當作主權獨立的「國家」。我們真的要好好珍惜。

2019.10.28

▌台獨方法論

　　台灣獨立建國運動先驅、總統府資政史明先生於 9 月 20 日逝世。他是台灣的革命家、政治人物、作家、歷史學者，也是左派台灣獨立運動的重要領導人之一。史明先生過世，並沒有使台獨運動隨之消逝。

　　辜寬敏先生 11 月 11 日，在四大報刊登全版廣告，支持蔡英文總統連任。辜先生認為制定新憲勢在必行，並呼籲蔡總統，如果獲得連任，最大的歷史責任，就是憲政改革和國家正常化，讓台灣進入聯合國，以及引動第三波產業革命，持續壯大台灣經濟，維持經濟獨立自主，以鞏固政治的獨立自主。

　　辜先生的主張引起若干迴響，有人贊同，有人反駁。本文擬從實務面，來探討台獨運動的前景。

　　要完成台獨工作並不是一件容易的事，必須：一、認清此項工作真正的阻力為何並設法化解。二、找到可靠的助

力，適時把握運用。換句話說，要把阻力極小化，把助力極大化。

事實上，無論台灣民眾承認或不承認、樂意或不樂意，台灣前途並不能由台灣人民自行決定。這是人盡皆知的一項無情又殘酷的現實。「統一」、「獨立」或「維持現狀」，都與台灣、中共以及美國的立場及具體行為緊密連結。

獨派思維及策略

獨派人士認為，只要台灣人民自認不是「中國人」，即可切割台灣與中國的連結。所以積極推動法理台獨，並且以「台灣地位未定論」作為理論基礎。此項作為目的在堅定自己的信念。

具體的做法，對內就是強化本土意識、「去中國化」、培養「天然獨」，把台灣現存的「中國元素」逐步清除。對外則是「聯美抗中」，因為獨派人士認為台灣位居西太平洋第一島鏈的中心，美國為了自身戰略安全，絕對不會容許中共占據台灣。

面對美國

　　獨派人士想要藉美國的助力，實現台獨。於是不遺餘力拉攏美國，也確實促成美國國會陸續通過多項友台法案。然而美國官方立場非常明確，一方面與中共建立外交關係，採取「一個中國」政策，並宣稱反對台獨。另一方面，訂出《台灣關係法》，持續軍售給台灣，並強調反對武力解決兩岸問題。所以美國真正的立場是，檯面上不希望中共「武統」，檯面下也不願意中共「和統」。換句話說，就是永遠「維持現狀」。

　　1982 年美國與中共簽署《八一七公報》的同時，向台灣提出「六項保證」。2016 年美國眾議院與參議院通過共同決議案，肯定六項保證與《台灣關係法》皆是台美關係的指引方針。

　　六項保證的內容包括：美國不贊成對台軍售設定期限；美國並不尋求為台灣與中華人民共和國之間作調停；美國也不會施加壓力要求台灣與中華人民共和國談判；美國對台灣主權的長期立場沒有改變；美國並無計畫修改《台灣關係

法》；及《八一七公報》的內容並不表示美國對台軍售之前會徵詢北京意見。

但是美國政府認為六項保證和中美三個聯合公報皆屬於政策聲明，不具備強制效力。中共更是否認六項保證的效力。

獨派人士希望美國出力協助完成台獨，恐怕難以實現。另一方面：假設台獨成功，兩岸關係進入「國與國」的全新局面，屆時台灣將無懼於中共，於是不必再全然倚靠美國，也不必再對美國言聽計從。這恐怕不是美國樂見的情形。

面對中共

中共始終宣稱兩岸必須統一，因此中共是台獨最大的阻力。獨派人士必須化解此項阻力才能以竟事功。要如何化解呢？

方法之一，是促使中共主動放棄統一。具體做法就是前述「去中國化」，讓中共深切體認台灣完全是另一個國家，跟「中國」毫無關聯。方法之二，是逼迫中共放棄統一。具體作法就是聯合美國，使中共既不能「和統」，也不敢「武

統」，迫使中共知難而退。

　　台灣面對中共，最大的隱憂在於：中共是威權體制，又長於操弄民族主義，使得大陸政府及民間，充斥「統一」思維。要對岸主動放棄統一，是難上加難。至於能否逼迫中共知難而退，則要看支持台獨的勢力，是否具備壓倒性的力量，迫使中共不得不退讓。

台灣自身處境

　　台灣緊鄰中國大陸。對大陸有 40% 的貿易依存度，並且有將近九百億美元的貿易順差，中國大陸可說是台灣最重要的市場。經濟靠大陸，安全靠美國，台灣如何獨立？

　　其次，台灣民眾大略可分為「統派」、「維持現狀派」及「獨派」。統派主張兩岸同屬一個中國，目前兩岸是「制度之爭」，未來不排除統一。獨派主張「一邊一國」，兩岸是「統獨之爭」，未來必定走向台獨。因此，台灣內部立場分歧，各派沒有交集，導致台灣自己沒有明確而單一的目標。將來兩岸正面對決時，台灣內部不能團結一心，將成為台灣的致命傷。

臧否時事——外交、國際及兩岸事務

獨派人士的任務

綜上所述,美國並非全然可靠,中共立場堅定,台灣自身實力不足。獨派人士要如何完成台獨大業呢?

首先,對美國要採取兩手策略。一方面繼續拉攏美國,另一方面卻要保持距離,不能讓美國予取予求。當人們想得到卻還未到手時,會盡力爭取;然一旦到手,往往不再珍惜。這是人之常情。台灣不妨參考菲律賓杜特蒂總統(Rodrigo Duterte)的作法。

其次,如果想要中共主動放棄統一,兩岸之間必須累積善意及互信。因為善意可能導向和解,敵意卻走向決裂。台灣如果繼續「仇中嗆中」,兩岸必然走向硬對抗。在硬對抗之前,台灣應該先估算自己有多少勝算?

面對中共步步進逼,台灣當然不能束手就擒,但也不能硬對抗。在「降」與「戰」之外,台灣必須謀求其他方案,以「智」應對。

第三,台灣當務之急在自我強化,厚植「全民認同」的民主自由,以及強勁的經濟實力。台灣若有堅強的實力,國

171

際經濟地位重要，就具備更大的話語權。

　　第四，台灣內部要先「統一」，獨派人士必須設法讓統派及維持現狀派人士改變立場，形塑台獨集體共識。如果仍然立場分歧，中共必然各個擊破，從內部瓦解台灣人民的意志力。

結論

　　如果獨派人士能夠使台灣具備前述各項條件，台灣獨立的各項障礙自然消失，台獨可望成功。否則台獨就是「不可能的任務」。

2019.11.18

總統選舉制度該修改了

　　民主政治的真諦，是執政者要順應大多數的民意施政。如果執政者沒有獲得過半數民意的支持，就失去執政與施政的正當性。

　　2020 年 1 月 11 日將舉行總統及立法委員選舉。這兩項選舉性質及意義截然不同。立法委員共計 113 席，即使沒有單一政黨代表獲得過半數席次，立法院仍然可以由主要政黨相互協商，建立符合大多數民意的共識，也維護了民主政治的基本精神。

　　但是總統只有一位，就任後可以全憑個人意志施政。如果總統當選人得票率超過 50%，顯示總統能夠代表大多數民意，如此施政即具有正當性，也符合民主政治的精神；若總統當選人未能獲得半數以上選民票，等於不支持者的人數大於支持者。在邏輯上，其代表性明顯不足。

　　我國現行總統選舉辦法，是「全民直選，一輪投票，相

對多數決」。

以 2000 年選舉為例，候選人有：宋楚瑜、連戰、李敖、許信良、陳水扁。結果宋楚瑜得票率 36.84%，連戰 23.1%，李敖 0.13%，許信良 0.63%，陳水扁 39.3%。陳水扁因此當選。但是他的得票率僅有 39.3%。換句話說，在那次投票時，有 60.7% 的人並沒有選他出任總統，結果他卻獲得治理國家的權力，明顯有違民主制度的本意。

法國總統選舉制度是「多人競爭，兩輪勝出」。如果第一輪投票，有候選人已經獲得過半數選民票，證明其代表性與正當性已經達標，因此即告當選。否則將取得票數較高的前兩位候選人，進行第二輪投票。最後獲勝的一方，必然是「全體選民過半數的支持者」，完全符合民主原則。

其次，根據臺大吳統雄教授的研究，若將全體選民簡化為 20 人，台灣有一個相當穩定的「53237 選民結構」，即純綠群 5 人、純藍群 3 人、變動群 2 人、搖擺群 3 人、疏離群或不投票群 7 人。

在台灣的五類選民中，純綠選民，純藍選民，都屬於意識形態投票群，依顏色而投票，是所謂的鐵票群。所謂的「中

間選民」可分為兩群，一群是約 2 人的「可變群」，依據候選人的形象而投票；另一為約 3 人的「搖擺群」，不論藍綠，不看黨派，只看選情變動趨勢投票。至於約有 7 人的疏離群，選擇不參與政治，除非發生對自己、或對國家有明顯危機的事件，否則不會投票。

最值得關注者，是這些疏離群，大多是中產階級，是肩負社會正常前進的主力。根據吳教授的研究，如果這種選民出來投票，他們會投給較安全、穩定、正派的政黨或政治人物。

中產階級通常也是教育程度較高，比較能夠理性思考的公民。如果總統大選缺少這種選民的參與，選舉結果很容易由非理性選民左右，對於國家發展極具危險性。

比利時採取內閣制。國會議員選舉，關係未來總理人選，是比國最重要的選舉，因此比國採用「強制投票制」。合格選民除非具有正當理由，並且事前申報獲得許可不投票，否則在投票日，人人必須前往投票。選舉結果也自然包括了為數眾多理性選民的意見，有助於國家正向發展。

看看目前我國的總統大選，候選人相互惡意攻訐，使出

所謂的「奧步」，操弄民粹。執政者更動用國家機器，推出多項公共支出項目，意圖爭取獲利者的選票。如此不顧政府財政來源及負擔，終將有害國家長期發展。

我們是不是應該及早修憲，參考法國與比利時大選制度，修改我國總統選舉辦法，以確保國家發展不會誤入歧途？

2019.12.4

▍拋開意識形態　才有國際觀

國際觀指的是什麼？

了解國際現勢是國際觀的基礎。但是真正的國際觀，並不僅僅是單方面以及表面的認知。

真正的國際觀，有兩個層次：第一、認識世界；第二、更要知道自己在世界中的角色、地位，以及國際間對我們的觀感。

國際觀有兩個核心指標：國家利益與國際現實。

我們的近鄰日本、韓國、菲律賓，以及其他東協國家，最近積極改善與中共的關係。一方面是看出中國大陸崛起的勢頭方興未艾，紛紛加入由中共主導的《區域全面經濟夥伴關係協定》；另一方面看到川普總統標榜「美國第一」，顯示美國不再高度關切盟邦的安危及利益。於是這些國家基於國際現實，為了自己國家利益，選擇與中共交好。這就是正確的國際觀。

　　最近三年，在世界衛生組織舉行大會時，政府與民間人士組織宣達團，前往日內瓦向國際發聲，在公共場所刊登廣告，呼籲國際社會正視台灣不能參與世界衛生組織的問題。

　　文宣工作當然可以做，但是台灣在 WHA 會場外的這些作為，能不能引起國際人士的重視？能不能獲得同情，促使其他國家採取行動幫助我們？而其他國家的協助，能不能發生真實的效果呢？答案是否定的。

　　台灣有人因善行獲得《富比士》雜誌（Forbes）、《時代》雜誌（Time）、《讀者文摘》（Reader's Digest），以及麥格塞塞獎（Ramon Magsaysay Award）的大力推崇、頒獎。這些事蹟，廣獲國際媒體報導，比政府的文宣效果更為顯著。我們在國際間博取同情，遠不如做出令人敬佩的作為。

　　我們於 2017 年再度被排拒於世界衛生大會之外，是因為沒有針對問題的癥結做適當的處理。即使三年來，每年都作前述各項努力，爭取支持，卻仍然無法如願以償。就是因為欠缺真正的國際觀。

　　不具國際觀，是因為沒有清楚地認知自己在國際間的地位，也就是其他國家對我們的觀感，以及我們在他們心目中

的分量。根據這些，我們才知道什麼事可以做，什麼事不可以做。什麼目標可以達成，什麼目標不可能達成。

　　世界各國都是以自己國家利益為核心。如果能夠認清國際現實，不但從台灣看世界，更能從世界看台灣，才算具備了真正的國際觀。

2019.12.20

▍年輕世代的國家責任

　　我們以前說：時代考驗青年，青年創造時代。1 月 11 日的總統大選，是台灣青年 2020 年面對的第一個考驗。年輕世代經過此次考驗，將開創一個新時代。這個新時代，將是一個光明的時代，還是一個黑暗的時代呢？

　　據報導，2020 年的總統大選，支持韓國瑜者，以四十歲以上中老年人為主。支持蔡英文者，以四十歲以下年輕世代為主。因此有學者認為，這次總統選戰，是世代之爭。

　　其實，世代只有交替，沒有爭戰。自然法則就是長江後浪推前浪，國家社會的未來，必將交到年輕世代手中。既然年輕世代終究要承擔國家發展的重責大任，並將負起歷史責任，就必須具備充足的知識、做出正確的判斷、保持堅強的毅力。

　　1970 年代的台灣人，在政府的帶領下，不拚政治，拚經濟，創造了經濟奇蹟，將台灣逐步推上亞洲四小龍之首，

也造就了台積電等若干傑出企業。但是當今的年輕族群,熱衷政治,在蔡政府的帶領下,以「守護台灣主權的反中思想」為首要考量。

事實上,生活在台灣的人,絕大多數都不願被中共統治。因此兩岸才會對峙了 70 年。但是如今兩岸實力懸殊,台灣與大陸正面對戰,必敗無疑。因此,抗共必須要有正確的方法,而不是暴虎馮河。

近距離觀物,會產生視覺盲點,看不到全貌。也就是見樹不見林。現在許多年輕人支持「護主權、愛台灣、守民主、抗中國」。正是僅僅根據眼前的情況做判斷,沒有長遠的思考。

蔡總統執政後,我們喪失七個邦交國、台灣再度被排拒於世界衛生大會之外、若干駐外代表處被迫改名,或遷出首都。國際企業,包括航空公司被迫將台灣註記在「中國」項下。台灣只能實體挨打,口頭抗議。

2018 年 3 月 8 日,11 個 CPTPP 成員國代表,在智利聖地牙哥簽署協定,並於同年 12 月 30 日正式生效。台灣被排除在外。

　　2019 年 11 月 4 日，RCEP 在泰國曼谷正式談判完成，15 個成員國已經結束全部文本談判以及實質上的所有市場准入談判。預定 2020 年簽署正式協定。台灣卻依然被排除在外。

　　台灣不能加入區域經濟合作組織的原因，除了經濟因素，更重要的是受到中共的政治干擾。台灣與對岸交惡，只有對抗沒有合作，使台灣處處遭到中共阻擾，無法參與區域經濟合作組織，逐步走上邊緣化的困境。

　　有位成功的企業家接受媒體專訪。記者詢問其成功之道為何？答曰：在關鍵時刻做出正確的決定。再問：靠什麼做出正確的決定？答曰：靠寶貴的經驗。三問：寶貴的經驗從何而來？答曰：錯誤的決定。

　　這故事清楚說明，從錯誤中記取教訓，才能避免繼續犯錯。台灣的年輕人在關鍵時刻，如果不能做出正確的決定，將如何承擔國家社會發展的重責大任呢？

　　年輕世代為自己的選擇負責，也要面對以後這塊土地發生的一切事情。這些觀點都十分正確。問題是，年輕世代現在做了錯誤的選擇，正在把台灣一步一步推向懸崖，將來能

夠娶妻生子、安居樂業，並且守護下一個世代嗎？

　　有民眾在媒體留言說：最令人無奈的是明知前方是死亡陷阱，你卻不由自主地走向死亡，年輕人能明白嗎？他告訴你他不在乎，那好吧，共同承擔吧，對一個中老年人來說，也沒什麼好在乎的，也許我們對年輕人的擔憂是多餘的，人往往是在跌倒後才知道痛，為台灣祈禱吧。

　　這番語重心長的話，能不能喚醒年輕世代，趁悲劇來臨之前，趕快作出積極的補救作為呢？

　　歷史會印證這一代年輕人的作為，為台灣帶來什麼樣的後果。

2020.1.13

▊ 習近平是什麼意思？

中共國家主席習近平 2020 年 1 月 17 日赴緬甸進行國是訪問。18 日與翁山蘇姬發表《中緬聯合聲明》，聲明中明確寫入「台灣是『中華人民共和國』不可分割的部分」。

中共此種說法，與過去一貫的「台灣是『中國』領土不可分割的一部分」的說法截然不同。如果確實是經過審酌後定稿，其中的含意，似值得深究。

1971 年 10 月 25 日聯合國通過 2758 號決議，承認中華人民共和國政府的代表，是「中國」在聯合國組織的唯一合法代表。當時中共提出「一個中國」的三段論：「世界上只有一個中國；中華人民共和國政府是代表全中國的唯一合法政府；台灣是中國領土不可分割的一部分」。

目前與中華人民共和國建交的 178 個國家，均承認或者尊重中共此項主張與立場。此一主張，實質上等同「消滅」了中華民國，迫使中華民國的稱號，只有在中華民國的邦交

國中獲得承認與存在。在其他國家，中華民國只能以「台灣」的名稱出現。

過去這些年，中共雖然聲稱「台灣是中國領土不可分割的一部分」，但是何謂「中國」？並沒有做出明確的定義。因此，兩岸可以達成「九二共識，一中各表」。

蔡總統執政後，否認「九二共識」，於是北京對台灣的定位更加緊縮，包括要求國際企業及航空公司把台灣列在中國項下，成為「中國台灣」。因此，台灣不再被列為「國家」。

中共過去一再強調「謀求兩岸同胞心靈契合」，對於兩岸關係也「寄望於台灣同胞」。如今蔡總統藉著「反中」意識高票連任，外國媒體以「向中國說不」形容此次選舉，甚至說台灣選民「打了中國一巴掌」。這一巴掌，會不會打醒中共，從此不再「寄望於台灣同胞」，今後將「心無懸念」地朝「一國兩制」目標前進呢？。

中共此次明言：「台灣是中華人民共和國不可分割的部分」，是不是意味著不但在聯合國「消滅」了中華民國，也進一步在國際間把「台灣」的地位確定了？不論是中華民國，或是台灣，都是「中華人民共和國」的一部分。因此「一

國兩制」將是台灣未來的唯一選項呢？

2019年1月2日，習近平正式倡議兩岸推舉代表性人士，就兩岸關係開展廣泛深入的民主協商，達成制度性安排。

蔡總統的回應是斷然拒絕，並且把「九二共識」與「一國兩制」做連結。但是蔡總統「嗆中」、「拒談」，並不能解決問題，因為中共不可能放棄統一的念想。

陳水扁擔任總統時，中共曾說：「聽其言，觀其行。」蔡總統2016年在就職演說中，雖然否認「九二共識」，但是提到中華民國憲法，因此中共還是採用同一態度。如今參照蔡總統種種「去中國化」的作為，再加上藉著「反中」意識高票連任，中共很可能決定不再「聽其言，觀其行」了，因為一切都已經攤在陽光下。

在台灣拒談又拒統的情形下，中共很可能已經決定單方面設計「一國兩制台灣方案」。

陸媒《環球時報》1月17日專訪國台辦前副主任王在希。他認為未來四年兩岸關係將陷入「冷對抗」的僵局，但不會發展到「攤牌」的局面。

王在希認為今後中共會加強輿論宣傳，繼續推動兩岸交

流，促進兩岸經濟上的融合，必要時將對台獨分裂勢力進行軍事威懾。

中共涉台機關中，國台辦是最為友善的「親台」者，而解放軍則是最為「敵台」者。王在希的言論，仍然對台灣充滿善意，也有和平規勸的用意。但是解放軍的態度呢？習近平身為中共領導人，在對台灣的態度上，除了參考國台辦的意見，也不能不顧及解放軍的意見，尤其中共的本質為「槍桿子裡出政權」的政體。

《環球時報》總編輯胡錫進1月12日在環球網發文表示，中共把武統作為一個優先選擇，需要兩項戰略上的確定性：第一，解放軍在第一島鏈附近形成壓倒性優勢，或者中共能夠給前來干預的美軍造成不可承受的代價。第二，中國大陸的市場規模和綜合經濟競爭力超過美國，使得美國在與中國發生嚴重軍事衝突時，無力對中國開展全面經濟制裁，也無力聯合西方力量在經濟上圍堵中國。

胡錫進的言論顯示，中共如果沒有十足把握一舉拿下台灣，就不會貿然動手。但若從反向思考，是否可以解讀為：當中共有十足把握時，就會立刻動手？

　　新加坡前總理李光耀曾言：「台灣與大陸的重新統一是時間的問題，這是任何國家無法阻擋的。……李登輝當總統時，發起台灣化進程，希望脫離中國。但這不會改變最終統一的結果，這樣做只能使台灣人在統一過程中更加痛苦。」

　　從眼前的態勢看來，兩岸正面對撞的機率越來越高，李光耀的「預言」也越來越有可能成真。蔡總統與台灣人民必須理性認清事實。改變「反中」意識，運用智慧，與大陸謀求兩岸關係最佳解決方案，讓自己的痛苦減到最低。

2020.1.25

▎兩岸賽局中的變與不變

1949 年兩岸分立，各自發展。過去這些年，台灣與大陸，在自身實力與兩岸政策上，分別出現「變」與「不變」的現象。

台灣歷次民調都顯示，多數人選擇兩岸維持現狀。這一現象的真實含意是：既不願意統一，也不願意或者不敢獨立，所以只好選擇權宜之計維持現狀。這是台灣方面的「不變」。

中共對台灣的立場早已定調，從毛澤東到習近平，從來沒有改變。其對台措施雖然有軟有硬，但基調始終如一：兩岸必須統一！這是中共的「不變」。

台灣在 1970 年代經濟起飛，成為亞洲四小龍之首。但是近年來，政治內鬥、經濟停滯，已經淪為四小龍之尾。再加上政治因素，使台灣無法與主要貿易對象簽訂 FTA，又被排除在 CPTPP 與 RCEP 兩大區域經貿合作體系之外，呈現被邊緣化的趨勢。這是台灣的「變」。

中國大陸在改革開放後，韜光養晦，集中精力加強建設。GDP 在全球的排名已自 1978 年的第 15 位上升到 2010 年的第二位，超過日本，成為全球第二大經濟體。這是中共的「變」。

「變」的結果，不利於台灣的「不變」，有利於中共的「不變」。

維護領土完整、復興中華，是中共的基本國策。中共認為台灣這塊土地，是中國的固有國土，而且具有戰略地位，所以非要不可。最新的事例就是 2020 年 1 月 18 日，習近平在訪問緬甸時，與翁山蘇姬發表聯合公報，明確寫道：「台灣是中華人民共和國的部分」。

中共對民進黨暗藏的台獨思想十分清楚。獨派勢力在台灣積極進行「法理台獨」、「文化台獨」，努力切斷與「中國」的連結，用各項「去中國化」措施，來達到實質獨立的目標。中共都了然於胸，必然會在適當時機採取應對措施。

既然中共統一之心堅定不移，台灣應該如何應對？

蔡總統在勝選後的國際記者會中，呼籲北京尊重台灣民意。蔡總統說：「民主，就是台灣的前途要由兩千三百萬人

決定。」然而，台灣人民無論願意或不願意，都必須認清一項殘酷的事實：就是台灣前途不可能由台灣人民「單方面」決定。台灣將來無論統或獨，都必須與中共坐下來協商談判。

談判成功最重要的因素包括：第一、自己實力強大，可以壓制對方。第二、博取對方好感及善意，凡事好商量。第三、利益交換，相互讓步，各取所需。

台灣既然無法擺脫中共的糾纏，就應該預先做好談判的準備，一方面壯大自己，累積籌碼，另一方面厚植對方的善意，才能爭取到最大的利益。

台灣必須要有危機意識，因為，無人能夠預測中共是否會繼續容忍台獨？也無人能夠保證中國大陸內部鷹派勢力，不會逼迫中共中央做出具體回應。

台灣必須要自我「改變」，才能應對中共的「不變」。轉換作法，在變中求存，才能為台灣人民謀取最大的利益。

2020.2.5

▌人類文明的漫長路

　　日前在電視上觀看了一部電影，中文片名是《勇闖自由路》（*Freedom*）。描述黑奴時代，美國黑奴一家四口，為了爭取自由，從主人的莊園逃離，歷經險阻前往加拿大，成為自由人的經過。在逃亡過程中，遭到白人主人雇用的槍手追捕，但是沿途卻有善心白人出手相救。同樣在美國，同樣是白人，對待黑奴的態度卻有天壤之別。

　　1996 年我奉派至西非邦交國塞內加爾工作。在首都達卡外海，有一座小島，在黑奴時代是非洲黑奴送至美洲的轉運點，因此俗稱「奴隸島」。當時黑奴短期棲身的集散堡壘如今改成紀念館。

　　紀念館館長向我們解說，當時被送來塞內加爾的黑奴，主要來自奈及利亞一帶的 Yohoba 族，運送的主要目的地是美國。

　　通常黑奴被送來島上時，是父母子女一家人同時進場。

但是進場之後，男女分開，子女另居。每人一個編號，全無姓名。最淒慘的是，一家人進場之後，此生就再也無法見面，雖仍身處同一場所，卻成為永別。

黑奴販賣者必須確保抵達目的地後，有足夠的黑奴可供販售，賺取利潤。因此在船運過程中，必須盡量裝載。因為途中可能遭遇風暴、疾病，以致部分黑奴因而喪命。正因如此，能夠存活安然抵達的黑奴，必然是基因優異，體格健壯，適應力極強者，於是可以高價出售。

2008 年我奉派至另一邦交國海地工作。海地是美洲唯一的黑人國家，也是目前美洲最貧窮的國家。海地獨立之前，也是非洲黑奴的目的地之一。部分黑奴從海地再被送往美國，大部分則留在海地種植甘蔗，生產蔗糖。

在那個時代，奴隸制度是合法的。換句話說，法律允許某些人剝奪另一些人的自由。以現代人的眼光來看，簡直不可思議。這是極不平等，又不人道的行為。然而，這卻是人類文明史上有血有淚、真真實實的一頁。

雖然當今世界各國法律都禁止奴隸制度，但是在世界的某些角落，卻仍然有人在限制及剝奪他人的自由。人類並沒

193

有記取歷史教訓，完全走入真正的文明。

1999 年我奉派至西南非洲無邦交國安哥拉工作。見證到人類另一項更為野蠻、殘酷，也極為荒謬的行為。那就是戰爭。

安哥拉原為葡萄牙殖民地，1975 年獨立。但是獨立之後，國家即陷入內戰。這場戰爭從 1975 年 11 月持續至 2002 年 4 月，足足有 26 年 4 個月餘之久。

26 年多的內戰，嚴重摧毀了安哥拉原有的基礎建設、公務體系、經濟企業，以及宗教機構。也造成 50 萬人喪生，一百萬人流離失所的慘劇。

交戰雙方相互布置人員殺傷地雷。據非正式統計，安哥拉內戰期間地雷總數大約一千兩百萬顆。造成無數傷亡，以及大量斷肢殘臂者。我在首都街頭，隨處可見缺臂缺腿，向路人乞討的可憐人。

戰爭為人類帶來巨大的災難，但是人類覺醒了嗎？答案是沒有。時至今日，世界許多國家仍有大大小小的武裝鬥爭。最令人嘆息的是敘利亞內戰。

大部分的台灣人大概不知道現在敘利亞內戰的原因為

何？恐怕就連當地人，甚至在戰場上的士兵，也不見得明白為何而戰？追根究柢，戰爭，尤其是內戰，往往只是由少數人、甚至兩個人的私鬥引起。卻因為政治結構捲入許多人。無端被捲入的人們，重則失去生命，輕則流離失所，成為難民，不但喪失了過去、擾亂了現在，也看不到未來。

據維基百科記載，敘利亞內戰自 2011 年開始，至 2015 年，已有四百萬敘利亞人逃到國外，另有 760 萬人在國內流離失所。逃至國外的難民，嚴重擾亂了其他國家人民正常的經濟與社會生活，使當地人民也成為無端的受害者。充分突顯了戰爭的荒謬。

人民要的是什麼？只是安居樂業而已。政治領袖擁有權力，卻充滿私心，打擊異己，發動內戰，結果貽禍人民。戰爭可說是目前文明社會中最野蠻的行為。

國父說：政治是管理眾人之事。政治既然直接影響到眾人的生活甚至生死，就應該是極為嚴肅的工作。不幸的是，政治往往因為個人私慾而變成罪惡。政治領袖可以使眾人安居樂業，也可以造成生靈塗炭。天壤之別，其實只存乎一心。

　　回顧歷史，眼看現在，人類要達到真正的文明，還有很長遠的路途！

2020.3.1

▌ 重返世衛要先營造友善環境

本年（2020）世界衛生大會預定 5 月 18 日開幕。外交部長吳釗燮坦言，台灣獲邀參加的機會不大，但政府仍將努力到底。

2017 年台灣再度被排拒於世衛大會之後，民進黨政府在過去三年多，確實做出許多努力，試圖重返世衛大會。包括促請邦交國，以及美國與日本為我執言；在歐美相關地點刊登廣告；派團在日內瓦世衛組織總部附近宣傳造勢。2019 年 5 月甚至在歐洲各國首都發動僑胞及留學生舉行健走活動。

民進黨政府的策略是，一方面呼籲世衛組織重視台灣未能參與世衛，造成防疫漏洞的問題，另一方面加強運作國際聲援台灣的聲浪，向世衛組織施壓。

美國總統川普於 3 月 26 日，簽署經國會通過的《台北法案》，明白規定美國將助我鞏固邦交，以及參與不以國家為條件的國際組織，包括世衛大會觀察員。

　　日前歐洲議會和德國國會議員等 127 位歐洲政要，聯名致函歐盟外交暨安全政策高級代表波瑞爾（Josep Borrel），與世衛組織祕書長譚德塞（Tedros Adhanom Ghebreyesus），表達強烈支持台灣參與本年 5 月世界衛生大會，並指稱世衛組織排除台灣，是對台灣民眾的歧視與不公。

　　不久前法國上百名政、學界人士，聯名向世衛發聲，認為應將台灣納為成員國。

　　在蔡總統大量捐贈口罩給世界相關國家後，除了歐盟官方表示感謝外，美國國務院在感謝台灣捐贈兩百萬片口罩之餘，更表示台灣為防疫領袖，應成為世界衛生大會觀察員。

　　大量歐美國家政府及政要公然表態支持台灣參與世衛組織，卻仍然徒勞無功，根本原因是，民進黨政府在某些層面強化了支持台灣與會的助力，卻同時在其他層面加深了阻力。

　　新冠肺炎爆發，因世衛組織稱讚中共當局抗疫成效，引起民進黨政府不快，於是也對世衛組織口出惡言。

　　蔡總統公開表示，世衛未充分發揮領導全球防疫功能，造成新冠肺炎疫情蔓延。副總統陳建仁更三番兩次批評世衛

祕書長譚德塞，指責他在這次嚴重的疫情中「成事不足敗事有餘」。總統與副總統帶風向，使得台灣網民不斷辱罵譚德塞。

譚德塞4月8日，在世衛組織例行記者會中，痛批台灣網民對他霸凌，並以其膚色進行人身攻擊之後，民進黨政府不甘示弱予以駁斥。台灣民眾更於4月14日在《紐約時報》刊登大幅廣告，結果引起世衛組織發表13點聲明，說明世衛組織數十年來，一直和台灣的衛生部門保持定期技術交流。言下之意，台灣與世衛組織的關係，「維持現狀」即可。

雙方你來我往進行口水戰。雖然世衛組織日前明言，台灣參與問題是由會員國決定，不是世衛工作人員。但是民進黨政府與世衛組織對槓，尤其是攻訐譚德塞，難道不怕世衛人員從中作梗嗎？

2020.5.3

▊ 台灣參與世衛為何失敗？

本年（2020）世界衛生大會（WHA）於 5 月 18 日開幕。
台灣連續四年缺席。為了爭取參與世衛，民進黨政府在國際
間宣傳 Taiwan can Help。但台灣能幫別人，卻無法幫自己擠
進世衛，原因是台灣參與世衛之事陷入四種思維之爭。

第一種思維是我邦交國思維。邦交國都承認我國為主權
獨立的國家，他們根本不在乎我們的名稱是中華民國或是台
灣。依此邏輯，我國有權參加聯合國，當然更有權參加世界
衛生組織。邦交國為我向世衛組織提案，合情、合理、合法。
但是此種思維，並非國際主流意見，所以不能成事。2004
年我友邦在世衛組織就台灣參與案發動投票，結果 133 票反
對、25 票贊成，就是明證。

第二種思維是美、日及歐洲國家思維。這些國家都與
中共有外交關係，都遵行「一中政策」，不與台灣發展官方
關係。但是這些國家都承認台灣是「政治實體」，與中共互

不隸屬，因此支持台灣參與不以國家為條件的政府間國際組織。這就是美、日、及歐洲國家聲援台灣以觀察員身分參加世衛大會的理論基礎。但是這些國家深知此種思維，並非世衛組織中的共識，因此他們只是聲援，卻不親自參加提案。

第三種思維是民進黨政府的思維，就是強調「台灣不是中國的一部分」。易言之，就是「一中一台」思維。民進黨在台灣進行「去中國化」，目的是使台灣人民認為自己是台灣人，不是中國人。因此排斥具有「中國」意涵的 Chinese Taipei 名稱，寧願不參加世衛大會，也不願意承認「兩岸同屬一中」。民進黨的思維，沒有獲得世衛組織中多數會員國的認同，因此無法獲得邀請函。

第四種思維是世衛組織中多數會員國的思維。他們認為世衛組織是聯合國附屬機構，當然必須遵守聯合國有關決議。於是中共提出聯合國 2758 號決議，將台灣參與世衛問題，由原本的技術性考量，轉換成政治性考量。中共根據 2758 號決議，主張北京政府是中國在世衛組織的唯一合法代表，台灣無權成為世衛會員國。即使台灣以觀察員身分參加世衛大會，也要符合「一個中國」的原則。此項主張得到

中共支持者認同。

　　兩岸關係決裂，世衛組織會員國意見分歧，使世衛組織不敢對台灣發出邀請函。即使友我國家力挺，也無法促成台灣重返世衛大會。因為世衛組織有 194 個會員國，其中 178 個與中共有邦交。而且中共在第三世界中有極大的影響力，能夠輕易地在世衛組織中封殺台灣。

　　台灣想要重返世衛大會別無他途，必須要先與對岸協商，若能訂出雙方皆可接受的方案，世衛組織必然樂觀其成。

2020.5.20

▌蓋亞那設處的檢討

2 月 5 日清晨，在宣布我政府已在南美洲蓋亞那設立「台灣辦公室」不到 24 小時，蓋亞那外交部卻宣布終止與我簽署的設處協議，創下我國外交史上最無情又尷尬的挫敗紀錄。

蓋亞那事件讓台灣成為國際笑柄，我政府痛罵中共打壓並不能挽回顏面。外交部同仁默默耕耘了很長時間，到頭來功虧一簣，是因為政府犯了三項嚴重的錯誤。

第一，不尊重職業外交人員的專業經驗。國防是武鬥，外交是文鬥，都必須具備敵情觀念，不能一廂情願，尤其不能輕敵。外交案件在進行中只能做不能說，大家心照不宣可以相安無事，但如果有人把事情搬上檯面，相關各方被迫表態，反而會壞事。此次政府在蓋亞那辦公室尚未正式運作，尤其並未獲得蓋亞那政府的保證時便急於大內宣，犯了外交大忌。

　　第二，前外交部長錢復曾明言「大陸政策的位階要高於外交政策」。意思是兩岸關係的好壞直接影響外交工作的成敗。台灣在李登輝、陳水扁總統時期，兩岸關係緊繃，雙方在外交上相互爭戰，也使我國外交節節敗退。馬英九總統執政後兩岸關係和緩，我國外交工作也大有斬獲，包括連續八年獲邀參加世界衛生大會。目前兩岸交惡，民進黨政府沒有與對岸建立默契，卻一味埋頭硬幹，當然會遭到中共阻擾及反撲。

　　第三，此事出現戲劇性的轉折，根本問題在於政府刻意以「台灣」為名在蓋亞那設立辦事處。在中共眼中，這是具有台獨的意涵，我方此舉觸犯了大陸的底線，因此北京強烈反撲。如果我方比照在其他無邦交國代表處的前例，以「台北辦事處」為名，或許情勢會改觀。

　　去年我政府在索馬利蘭以台灣名稱設立代表處，並未遭到北京反撲，是因全世界沒有任何國家與索馬利蘭建立外交關係，索馬利蘭根本不算是正式國家，因此中共沒有認真回應。此次我方以為有美國支持就可以在蓋亞那如法炮製。卻未料到中共強力反撲，而且中共經營南美洲多年，美國在當

地的影響力已大不如前，以至於我方功敗垂成。

民進黨政府沒有改善兩岸關係在先，又錯估形勢在後，以至於在蓋亞那丟了面子也失了裡子，這是咎由自取，怪不得別人。因此美國也僅僅表示鼓勵蓋亞那與台灣繼續建立堅強夥伴關係，並沒有指責北京。但蔡總統、行政院長蘇貞昌和陸委會卻一致痛責北京蠻橫無理。這樣情緒性的反應能夠解決問題嗎？今後我國的外交工作就會更為順暢嗎？

拜登政府上任後，相關幕僚先後放話挺台，但同時要求兩岸恢復建設性的對話。民進黨政府一味謾罵中共，絕對不是美方期待的兩岸對話。外交工作最忌惡言相向，政府如果還是執迷不悟，未來兩岸關係和我外交處境勢必難以撥雲見日。

2020.5.20

▌從外交觀點看俄烏之戰

俄羅斯與烏克蘭之戰，可說是相關各國外交作為的大敗筆。

從外交觀點來看，這場俄烏之戰，自始至今完全是一連串荒腔走板的外交作為所造成。如果相關各國外交作為正確，這場戰爭根本就不會發生。

首先，蘇聯解體後，烏克蘭獨立自主，但與俄羅斯維持良好關係。可是烏克蘭出現親美政權後，與俄羅斯漸行漸遠，甚至謀求加入歐盟及北約組織。由於烏克蘭與俄羅斯接壤，又控制俄國在黑海的出入口，一旦加入北約，將對俄國國家安全造成極大威脅。

烏克蘭可以選擇親美，但是不應反俄。烏克蘭近年積極推動「去俄國化」，引起俄羅斯強烈的猜忌與反感，使俄烏關係急轉直下，終於引爆正面衝突。如果烏克蘭採取適當的外交政策，與俄國及美國維持等距外交，必然能夠左右逢源

安然無恙。

其次，當俄國準備對烏克蘭親近北約的舉動採取反制時，以美國為首的北約盟國非但沒有以外交作為調解俄烏之間的緊張氣氛，反而火上加油。一方面斥責俄國並發出威脅，另一方面鼓舞烏克蘭對抗俄羅斯，使烏克蘭產生誤判，認為俄國不會真的發動戰爭，並且相信萬一戰事發生，北約盟國將會強力支援烏克蘭。如果當時美歐等國積極規勸俄羅斯與烏克蘭相互溝通，自我節制，就不會真的引爆戰火。

第三，俄羅斯出兵進入烏克蘭後，美歐國家的外交作為不但未能滅火，反而治絲益棼，使局勢更加混亂。美歐國家嚴厲譴責俄羅斯，並祭出經濟制裁。美國宣布第一輪的制裁包括凍結俄羅斯大型銀行以及俄國重要人士在美資產、切斷俄羅斯進口半導體晶片等高科技商品和技術。

第二輪的制裁包括將俄國排除在環球銀行金融電信協會（SWIFT）支付系統之外。日前又宣布第三輪制裁，禁止俄羅斯石油及天然氣出口、對俄羅斯關閉領空。但是各項制裁並沒有收到預期的效果。俄軍仍然在烏克蘭作戰。俄國與烏克蘭已經舉行三次直接談判，也毫無具體結果。

　　經濟制裁其實是以暴制暴，針鋒相對，完全與締造和平背道而馳。尤其經濟制裁牽連甚廣，在世界經濟全球化的情況下，不但被制裁者遭到損傷，制裁措施也必將損及第三者的經濟利益，甚至反噬到制裁者。

　　尤其是禁止俄國能源出口，必將衝擊俄國能源的主要進口國，進而引發通貨膨脹，直接影響世界經濟成長。因此歐洲國家紛紛表態不願跟進此項制裁措施，使得美國宣布的制裁措施未受其利先見其弊。

　　近日傳出美歐國家正籌劃協助烏克蘭在波蘭建立流亡政府。倘如是，就表示俄烏之戰難有止境，烏克蘭人民將繼續飽受戰火蹂躪，和平安逸之日遠在天邊。西方國家坐視烏國人民流離失所，卻無意採取積極而正確的外交作為，充分顯現了美歐國家空談人道的虛假。

　　外交工作的指導原則是廣結善緣，創造雙贏。凡事以和為貴，以柔克剛，不但要維護本身利益，也要顧及對方處境。外交行為的最終目的就是避免戰爭，俄烏之戰使世人親睹烏克蘭外交失策，美歐國家外交失誤。

2022.3.11

▌淺談歐洲及我國與歐洲關係

前言

　　歐洲是西方文明的發源地。歐洲的歷史悠久，文化多元，人文素養深厚。歐洲的藝術，哲學思想，以及政治制度，都對人類文明產生重大的影響，都值得我們深入了解、探討與研究。本文嘗試從外交觀點介紹歐洲。除了淺談歐洲國家彼此之間的國際關係，也大略介紹歐洲與台灣的關係。

認識歐洲

　　歐洲到底有幾個家，可以從不同的角度解讀。歐洲有許多國際組織，若從歐洲國際組織成員國的角度解讀，歐洲可以說有 47 個國家。因為歐洲有個「歐洲理事會」（The Council of Europe），共有 47 個會員國。

　　但是，歐洲還有一個「歐洲聯盟」（European Union,

EU，簡稱歐盟），共有 27 個會員國。所以我們也可以說歐洲有 27 國家。然而事實上，有若干位於歐洲的國家並沒有加入歐盟，所以從地理上區分，除了俄羅斯、白俄羅斯、烏克蘭及摩爾多瓦，歐洲共有 40 個國家。

今日歐洲

今日的歐洲，是人類文明的象徵，也是世界時尚、精品的中心。歐洲今日卓越的成就得來不易，是由過去慘痛的經驗換來的，是記取了歷史教訓換來的。

歐洲歷史上有許許多多、大大小小的戰爭。戰爭是殘酷的，帶給人們恐懼、破壞及死亡。而和平是友善的，能夠帶給人們幸福、建設、與繁榮。戰爭可說是人類文明史上最為荒謬的行為。

在 1337 到 1453 年，歐洲發生了英法百年戰爭。英法兩國為了爭奪在歐洲大陸的領土而發動戰爭。

西元 1618 到 1648 年，歐洲又發生了三十年戰爭。這是一場因為宗教立場不同，引發的勢力範圍爭奪戰。參戰者包括奧地利、丹麥、瑞典、荷蘭、法國、西班牙。戰爭的結果

造成高達八百萬人死亡。

三十年戰爭並沒有解決歐洲王室之間的爭執。1700 年出身法國王室波旁家族的菲力普五世繼承西班牙王位，奧地利王室的哈布斯堡家族擔心西班牙與法國合併，於是出兵爭奪西班牙王位，引發歐洲王室兩大家族的戰爭。參戰者包括法國、西班牙、德國、葡萄牙；共同對抗英國、荷蘭、奧地利、義大利。戰爭從 1701 年持續至 1714 年才結束，當然又造成無數的人員傷亡。

1804 年拿破崙成為法國皇帝後，想要把歐洲打造成一個「貨幣統一、法律統一，以及度量衡制度統一」的歐洲。拿破崙的用意無可厚非，卻因採用軍事手段進行改革，結果引發大規模戰爭。這場戰爭自 1804 年持續至 1815 年，幾乎所有的歐洲國家均受到波及。

到了 20 世紀，歐洲人還是沒有覺醒，在歐洲地區又發生兩場大規模的戰爭：第一次世界大戰（又稱歐戰），及第二次世界大戰。

英國軍事歷史學家基根（John Keegan）認為，第一次世界大戰是由於人性中的自私、貪婪和懦弱所產生的劇烈反應。

英國劍橋大學近代史教授克里斯多福 · 克拉克（Christopher Clark）認為，當時的國王、將領，在莽撞無知的狀況下，將歐洲帶入一場無法收拾的戰爭。歐戰當然又給歐洲帶來巨大的災難，可是人們並未從歐戰學到教訓，終於導致更大的災難。

歐洲統合運動

經過了兩次大戰，歐洲人才痛定思痛，真正醒悟。大家決心以合作代替對抗，以和平取代戰爭。因此產生了「歐洲統合運動」（European Integration）。

1950 年法國外長舒曼發表了「舒曼宣言」，倡議歐洲國家共享資源團結合作。於是法國、德國、義大利、比利時、荷蘭、盧森堡六國在 1951 年聯合組成「歐洲煤鋼共同體」（European Community of Steel and Coal, ECSC），共享區域內的煤礦及鐵礦資源。

1958 年，六國簽訂《羅馬條約》，成立「歐洲經濟共同體」（European Economic Community, EEC）及「歐洲原子能共同體」（European Atomic Community, Euratom），進

一步深化各國在經濟貿易及能源方面的合作。

1967年，六國將此三個共同體合併，統稱「歐洲共同體」，集中事權完成統合事務一體化。1992年改稱「歐洲聯盟」。

歐洲統合運動的發展，是「成員廣化」與「統合深化」並進。一方面，成員國不斷增加，由六國增加到九國、十國，再逐步擴增至28國（註：英國於2016年公投決定脫歐後歐盟共有27國）；另一方面，統合項目先易後難、由淺入深，逐步發展。

成員國的合作範疇，由最初的共同農業政策，進而至共同區域政策，再進而形成共同貨幣政策、關稅同盟、單一貨幣；由人員自由流通，進步至共同疆界。

歐盟國家經過多年的發展，逐漸實現了歐盟精神：相互尊重、平等協商；相互妥協、建立共識。歐盟決策固然可以用表決的方式達成，但是成員國盡量避免表決，而是多方協調、相互妥協，盡量以「共識」（consensus）的方式作成決定。如果各方歧見甚深，暫時無法形成共識，歐盟就暫時擱置議案，決不宣布協商破裂。

如今歐盟已經運作成熟，最大的成就，就是在歐盟架構下，成員國之間不可能再次發生戰爭。歐盟將內部戰爭的可能性降到最低，確保永久的和平。這可以說是人類文明有史以來最偉大的成就。值得全人類效法。

我國與歐洲國家關係

除了教廷以外，目前我國與歐洲國家全無外交關係。因為沒有外交關係，我政府不能在歐洲國家設立大使館，只能設立不具官方地位的代表處。

歐洲國家當年與我國斷交後，雙邊關係跌入谷底，政府間往來完全停頓。但是由於民間往來持續，歐洲國家覺得仍有必要與我政府聯繫，因此同意我政府設立代表處，只是對我政府設立的代表處設下重重限制，要求我代表處的名稱不得具有官方意味。於是我駐英國代表處被迫稱為「自由中國中心」；駐法國代表處稱為「法華貿易觀光促進會」；駐德國代表處稱為「遠東新聞中心」；駐比利時代表處稱為「孫逸仙文化中心」。這些奇特的名稱使一般民眾難以辨識這是我國政府的代表機構。

不僅如此，我們代表處跟國內機關聯繫時，也不能直接稱呼機關正式名稱。因此，外交部化名為「遠東貿易總公司」，經濟部化名為「金甫發」。

前述種種不正常現象後來已經逐步獲得改善。「自由中國中心」於 1992 年 4 月改成「駐英國台北代表處」（Taipei Representative Office in the U.K.）。「法華貿易觀光促進會」於 1995 年 5 月改成「駐法國台北代表處」（Bureau de Representation de Taipei en France），至少能夠顯示政府公務機構的性質。而且我們代表處也可以直接行文給「外交部」、「經濟部」等等，不必再自欺欺人了。

近年我國與歐洲國家關係大幅改善，雙方除了軍事以外，非政治性的實質關係十分密切。歐洲國家經貿、科技等專業領域次長級官員也能來台訪問。然而歐洲國家仍然採行一中政策，使我國與歐洲國家關係仍然受到中共因素的掣肘。

我國與英國關係

英國外交的特點是具有前瞻性，英國在外交上往往能夠洞燭機先，搶得先機。例如英國在 1950 年即承認中共政權，

是第一個給予中共外交承認的歐洲國家，也因此搶先獲得中國大陸的市場與商機。

另一個實例是在歐洲申根國家同意給我國人免簽證待遇之前，英國搶先一步在 2009 年 3 月給予我國人免簽證待遇，成功爭取到我國觀光客優先前往英國消費。

1950 年英國與我斷交，但是駐淡水領事館繼續運作，直到 1972 年才關閉。1976 年 2 月英國在台北設立「英國貿易促進會」。1993 年 10 月改名為「英國貿易文化辦事處」，2015 年 5 月再改為「英國在台辦事處」（British Office Taipei）。

我國與英國的實質關係，以文教交流最為密切。由於語言上的便利，英國一向是我國學生僅次於美國的第二大留學目的國。

19 世紀英國首相巴麥尊（Lord Palmerston）有句名言：「大英帝國沒有永遠的朋友，也沒有永久的敵人，只有永遠的利益。」因此英國與我國往來一向以實質利益為主要考量。我國也應該謹記此項原則，在與世界各國往來時，盡力維護我國國家利益。

我國與法國關係

　　法國外交的特點是獨立自主。法國不會追隨其他國家的外交政策，在國際事務中法國一向有自己的主觀立場。即使美國在二次世界大戰後成為世界第一強國，卻無法迫使法國在國際事務上與美國採取同一步調。因此法國在與我國往來時，一向最具彈性。

　　法國於 1964 年與我斷交，雙方並沒有立即互設代表機構。直到 1972 年我國才在法國設立代表處。1978 年 10 月，法國在台灣設立「法亞貿易促進會」。1980 年 1 月成立「台北法國文化科技中心」，並於 1989 年 2 月改名為「法國在台協會」（Institut Français à Taiwan），1994 年將兩機構合併，仍稱「法國在台協會」，但法文名稱改為 Bureau Français de Taipei。

　　法國與我國的實質關係，遍及經貿、文教、科技、軍事層面，是我國第二大科技合作對象國。在文化交流方面，我文化部於 1996 年開始，與法國法蘭西學院合作辦理「台法文化獎」，頒發獎金表彰在法國、歐洲及台灣推動文化藝術交流具特殊貢獻的機構或人士。

我國與法國關係最特殊之處,在於軍事交流。法國在1992年先後同意出售幻象戰機以及拉法葉軍艦予我國。促使法國同意軍售的重要因素,一方面是法國外交深具彈性,另一方面是1989年6月4日發生天安門事件,時機對我國有利。

天安門事件引起全世界的憤慨,先進國家紛紛對中共實施經濟制裁以及武器禁運。當時中共因為犯了國際眾怒,不敢向法國抗議,才使此項軍售案順利完成。

我國與德國關係

德國外交的特性是務實穩健。德國對我國的態度一向是政經分離。在經貿層面與我國往來十分熱絡,但是在涉及政治的層面卻極為保守冷淡。

德國是我國在歐洲最大的貿易伙伴,對德貿易約占我國對歐盟貿易總額四分之一。德國也是第一個與我國簽署青年度假打工協議的歐洲國家。

德國外交務實可以由兩個實例驗證。2013年11月,我國與德國簽署「中華民國與德國移交受刑人及合作執行刑罰協議」,為我國與歐洲國家簽署之第一個雙邊司法合作

協議。根據此一協議，受刑人得以返回原國籍國執行剩餘刑期，不僅合乎人道，且有助於受刑人將來重返社會，達到教化之目的，亦便利受刑人家屬探視。

此事起源於若干德國人士因犯案在台灣服刑，但是德國受刑人因文化差異、語言隔閡、飲食習慣不同，對台灣的監獄生活甚難適應，因此向德國政府請願，希望返回德國執行刑罰。德國政府為了顧及其國民權益，願意在與我國無邦交的情形下，以務實的作法達成兩國相互移交受刑人的協議。

2013年4月，馬總統前往非洲友邦訪問。因為路途遙遠，專機無法直飛非洲友邦，必須在中途落地加油。許多國家顧忌中共反應，不願我總統專機過境。但是德國政府卻毅然決然同意我總統專機在法蘭克福過境加油，充分顯示德國外交的務實態度。

我國與歐盟關係展望

由於我國與歐盟經貿關係密切，歐盟為我第四大貿易夥伴，占我對外貿易總額約 8.5%，而且歐盟是我國外資的第一大來源，推動我國與歐盟洽簽《經濟合作協議》（ECA）

成為我政府當前重點工作。但是歐方有政治因素與技術因素
兩大顧慮。

在政治方面，中共與歐盟的《歐中投資協定》遭到擱置，
因此中共向歐盟明確表達，希望歐盟暫緩與我簽署 ECA。
在技術方面，歐盟對於肉品輸台、高壓電設備檢驗新規定對
歐盟不利，以及政治力介入空中巴士銷售都有疑慮。因此對
雙方簽署 ECA 持保留態度。

為推動本案，我政府採取「堆積木」策略：先就雙方
互利項目簽署個別協定，逐步建構整體 ECA 實質基礎。目
前設定四塊優先積木包括：投資協定（BIA）、智慧財產權
（IPR）協定，非關稅貿易障礙，以及關務合作。

我國與歐盟關係也受到兩岸關係的影響。2010 年 6 月兩
岸簽署《海峽兩岸經濟合作架構協議》（ECFA），受到歐盟
歡迎。因為此項協議有助於使台灣成為歐洲企業前進中國大
陸市場的跳板，提升歐洲企業在亞洲的競爭力，充分顯示兩
岸關係和諧，不僅有利兩岸人民，也能強化我國與歐盟關係。

2022.7.14

▌俄烏戰爭為了誰？

　　俄羅斯與烏克蘭開戰已經超過一年。從目前的態勢看來，還沒有偃兵息甲的跡象。美國總統拜登於 2 月 20 日造訪基輔，並加碼援助烏克蘭，展現作戰到底的決心。而歐洲若干國家也允諾提供烏克蘭豹 2 重型戰車，充分顯現美國及歐洲國家打算協助烏克蘭以戰止戰。

　　另一方面，中共於 2 月 24 日發布「關於政治解決烏克蘭危機的中國立場」，提出俄烏雙方停戰的和平呼籲。這原本是一項停戰謀和的契機，但是俄羅斯與烏克蘭都沒有積極回應，而西方國家也反應冷淡，顯然相關執政者都不顧俄烏雙方死傷慘重，根本沒有止戰和談的意圖。

　　俄烏戰爭表面上是烏克蘭對抗俄羅斯之戰，實際上卻是俄羅斯以一對十的戰爭。這也是俄羅斯實力遠在烏克蘭之上，卻久戰無果的重要因素之一。表面看來，俄烏戰爭是俄羅斯與烏克蘭兩個國家之間的戰爭，但是深入思考，令人不

禁想到，這場戰爭算不算是普亭（Vladímir Vladímirovich Pútin）與澤倫斯基（Volodymyr Oleksandrovych Zelenskyy）個人之間的爭戰呢？

政治人物不知道勤民愛物，造福社稷，卻因為個人的執念，命令軍人上戰場，造成眾多軍民死傷，誠然是人類文明的反諷。美歐國家不斷軍援烏克蘭，難道不知道戰事多持續一天，對軍民的殘害就加重一天嗎？

2 月 25 日有一萬多名德國人走上柏林街頭，反對政府軍援烏克蘭，要求透過談判解決俄烏危機。2 月 19 日，美國也有上千名示威者在華盛頓的林肯紀念堂前集會，要求政府設法促成和談。雖然反戰者人數有限，還沒有對政府構成甚大的壓力，但至少顯示已經有人覺醒。

戰爭可說是人類文明史上最為荒謬的行為。國與國的戰爭不勝枚舉，同一國家中的內戰也不乏前例。國共內戰、韓戰、越戰，都是實例。西南非安哥拉的內戰，從 1975 年 11 月持續至 2002 年 4 月，足足有 26 年四個月餘之久，而自 2001 年開始的敘利亞內戰，至今都尚未結束。長年的戰爭，不但摧毀了原有的基礎建設、公務體系、經濟企業以及宗教機構，

也造成數十萬甚至百萬人喪生，更有大量的人流離失所。

極為諷刺的是，大部分戰場上的士兵，不見得明白為何而戰？追根究柢，戰爭往往只是由少數人、甚至兩個人的私鬥引起，卻因為政治結構捲入許多人。無端被捲入的人們，重則失去生命，輕則流離失所，成為難民。不但喪失了過去、擾亂了現在，也看不到未來。

人民要的是什麼？只是安居樂業而已。政治領袖擁有權力，卻不能用外交手段，以文明的方式解決爭端。輕易發動戰爭，結果貽禍人民。回顧歷史，看看現在，人類一再重複過去的錯誤。人類文明已經有數千年的歷史，要到何時才能達到真正的文明呢？

2023.3.8

Do人物83　PC1050

外交生涯見聞錄

作　　　者／徐勉生
責任編輯／楊岱晴、尹懷君、廖啟佑
圖文排版／黃莉珊
封面設計／吳咏潔

出版策劃／獨立作家
發 行 人／宋政坤
法律顧問／毛國樑　律師
製作發行／秀威資訊科技股份有限公司
　　　　　地址：114 台北市內湖區瑞光路76巷65號1樓
　　　　　電話：+886-2-2796-3638　傳真：+886-2-2796-1377
　　　　　服務信箱：service@showwe.com.tw
展售門市／國家書店【松江門市】
　　　　　地址：104 台北市中山區松江路209號1樓
　　　　　電話：+886-2-2518-0207　傳真：+886-2-2518-0778
網路訂購／秀威網路書店：https://store.showwe.tw
　　　　　國家網路書店：https://www.govbooks.com.tw

出版日期／2023年5月　BOD一版　定價／350元

|獨立|作家|
Independent Author

寫自己的故事，唱自己的歌

讀者回函卡

外交生涯見聞錄 / 徐勉生作. -- 一版. -- 臺北
市 : 獨立作家, 2023.05
　面 ；　公分. -- (Do人物 ; 83)
BOD版
ISBN 978-626-97273-0-8(平裝)

1.CST: 徐勉生 2.CST: 外交人員
3.CST: 回憶錄 4.CST: 言論集

783.3886　　　　　　　　　112005623

國家圖書館出版品預行編目